LE LIVRE DU DIVAN

STENDHAL

VIE DE HENRI BRULARD

II

RÉVISION DU TEXTE ET PRÉFACE PAR
HENRI MARTINEAU

PARIS
LE DIVAN
37, Rue Bonaparte, 37

MCMXXVII

VIE
DE
HENRI BRULARD
II

STENDHAL

VIE

DE

HENRI BRULARD

II

PARIS
LE DIVAN
37, Rue Bonaparte, 37

MCMXXVII

VIE
DE HENRI BRULARD

CHAPITRE 23

ÉCOLE CENTRALE

Bien des années après, vers 1817, j'appris de M. Tracy que c'était lui, en grande partie, qui avait fait la loi excellente des Écoles centrales[1].

Mon grand-père fut le très digne chef du jury chargé de présenter à l'administration départementale les noms des professeurs et d'organiser l'école. Mon grand-père adorait les lettres et l'instruction, et depuis quarante ans était à la tête de tout ce qui s'était fait de littéraire et de libéral à Grenoble.

Séraphie l'avait vertement blâmé d'avoir accepté ces fonctions de membre du jury

---

1. La loi excellente des Écoles centrales avait été faite, ce me semble, par un comité dont M. de Tracy était le chef avec 6.000 francs d'appointements, lui qui avait commencé avec 200.000 livres de rente ; mais ceci arrivera plus tard.

d'organisation, mais le fondateur de la bibliothèque publique devait à sa considération dans le monde d'être le chef de l'École centrale [1].

Mon maître Durand, qui venait à la maison me donner des leçons, fut professeur de latin, comment ne pas aller à son cours à l'École centrale ? Si Séraphie eut vécu, elle eût trouvé une raison, mais, dans l'état des choses, mon père se borna à dire des mots profonds et sérieux sur le danger des mauvaises connaissances pour les mœurs. Je ne me sentais pas de joie ; il y eut une séance d'ouverture de

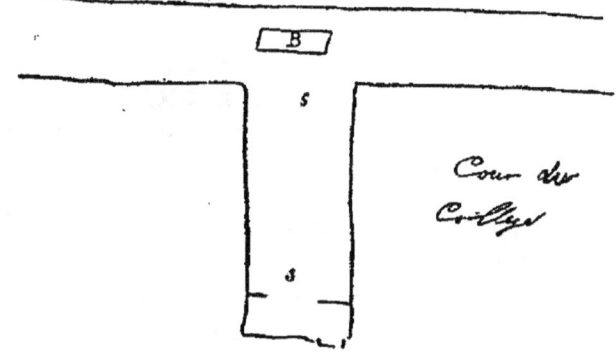

l'École dans les salles de la Bibliothèque où mon grand-père fit un discours.

1. Peut-être aussi la crainte des patriotes entra-t-elle pour quelque chose dans l'acceptation de cette fonction. *Note de Colomb.*

C'est peut-être là cette assemblée si nombreuse dans la première salle SS dont je trouve l'image dans ma tête.

Les professeurs étaient MM. Durand, pour la langue latine ; Gattel, grammaire générale et même logique, ce me semble ; Dubois-Fontanelle, auteur de la tragédie d'*Éricie* ou *la Vestale* et rédacteur pendant vingt-deux ans de la Gazette des Deux Ponts, belles-lettres ; Trousset, jeune médecin, et l'on peut dire élève de mon grand-père, la chimie ; Jay, grand hableur de cinq pieds dix pouces, sans l'ombre de talent, mais bon pour enfiévrer (monter la tête des enfants), le dessin, — il eut bientôt trois cents élèves ; Chalvet (Pierre, Vincent), jeune pauvre libertin, véritable auteur sans aucun talent, l'histoire — et chargé de recevoir l'argent des inscriptions qu'il mangea en partie avec trois sœurs, fort catins de leur métier, qui lui donnèrent une nouvelle v., de laquelle il mourut bientôt après ; enfin Dupuy, le bourgeois le plus emphatique et le plus paternel que j'aie jamais vu, professeur de mathématiques — sans l'ombre de talent. C'était à peine un arpenteur, on le nomma dans une ville qui avait un Gros ! Mais mon grand-père ne savait pas un mot de mathématiques et les haïssait, et d'ailleurs l'emphase du père Dupuy (comme nous l'appelions ; lui nous disait : mes enfants) était bien faite pour lui conquérir l'estime générale à Grenoble. Cet homme si vide disait cependant une grande parole : « *Mon enfant, étudie la Logique de Condillac, c'est la base de tout.* »

On ne dirait pas mieux aujourd'hui en remplaçant toutefois le nom de Condillac par celui de Tracy.

Le bon, c'est que je crois que M. Dupuy ne comprenait pas le premier mot de cette logique de Condillac, qu'il nous conseillait ; c'était un fort mince volume petit in-12. Mais j'anticipe, c'est mon défaut, il faudra peut-être en relisant effacer toutes ces phrases qui offensent l'ordre chronologique.

Le seul homme parfaitement à sa place était M. l'abbé Gattel, abbé coquet, propret, toujours dans la société des femmes, véritable abbé du XVIIe siècle ; mais il était fort sérieux en faisant son cours et savait, je crois, tout ce qu'on savait alors des habitudes principales des mouvements d'instinct et en second lieu de facilité et d'analogie que les peuples ont suivie en formant les langues.

M. Gattel avait fait un fort bon dictionnaire où il avait osé noter la prononciation, et dont je me suis toujours servi. Enfin, c'était un homme qui savait travailler cinq à six heures tous les jours, ce qui est rare en province, où l'on ne sait que *baguenauder* toute la journée.

Les niais de Paris blâment cette peinture de la prononciation saine, naturelle. C'est par lâcheté et par ignorance. Ils ont peur d'être ridicules en notant la prononciation d'*Anvers* (ville), de *cours*, de *vers*. Ils ne savent pas qu'à Grenoble, par exemple, on dit : J'ai été au *Cour-ce*, ou : j'ai lu des *ver-ce* sur *Anver-se* et *Calai-se*. Si l'on parle ainsi à Grenoble, ville d'esprit et tenant encore un peu aux pays du Nord, qui pour la langue ont évincé le Midi, que sera-ce à Toulouse, Béziers, Pézenas, Digne ? Pays où l'on devrait afficher la prononciation française à la porte des églises.

Un ministre de l'Intérieur qui voudrait faire son métier, au lieu d'intriguer auprès du roi et dans les Chambres, comme M. Guizot, devrait demander un crédit de deux millions par an pour amener au niveau d'instruction des autres Français les peuples qui habitent dans le fatal triangle qui s'étend entre Bordeaux, Bayonne et Valence. On croit aux sorciers, on ne sait pas lire et on ne parle pas français en ces pays. Ils peuvent produire par hasard un homme supérieur comme Lannes, Soult, mais le général... y est d'une ignorance incroyable. Je pense qu'à cause du climat et de l'amour et de l'énergie qu'il donne à la machine, ce triangle devrait produire les premiers hommes de France. La Corse me conduit à cette idée.

Avec ses 180.000 habitants, cette île a donné huit ou dix hommes de mérite à la Révolution et le département du Nord, avec ses 900.000 habitants, à peine un. Encore j'ignore le nom de cet *un*. Il va sans dire que les prêtres sont tout-puissants dans ce fatal triangle. La civilisation est de Lille à Rennes et cesse vers Orléans et Tours. Au sud de Grenoble est sa brillante limite.

Nommer les professeurs à l'Ecole centrale — MM. Gattel, Dubois-Fontanelle, Trousset, Villars (paysan des Basses-Alpes), Jay, Durand, Dupuis, Chalvet, les voilà à peu près par ordre d'utilité pour les enfants, les trois premiers avaient du mérite — coûtait peu et était bientôt fait, mais il y avait de grandes réparations à faire aux bâtiments. Malgré la guerre, tout se faisait dans ces temps d'énergie. Mon grand-père demandait sans cesse des fonds à l'administration départementale[1].

---

[1]. 31 décembre 1835. Omar. Commencé ce livre, dont voici la trois-cent-vingt-cinquième page, et cent, me ferait quatre cents le ...... 1835.

Les cours s'ouvrirent au printemps je crois dans des salles provisoires.

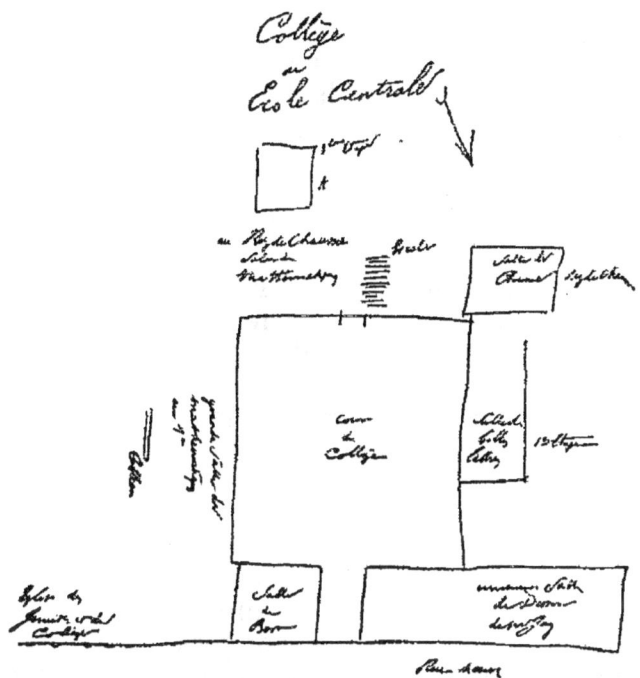

Celle de M. Durand avait une vue délicieuse et enfin après un mois j'y fus

Rapidité : le 3 décembre 1835, j'en étais à 93, le 31 décembre à 325, 232 en 28 jours. Sur quoi il y a eu voyage à Civita-Vecchia. Aucun travail les jours de voyage et le soir d'arrivée ici, soit un ou deux sans écrire. Donc, en 23 jours, 232, ou dix pages par jour, ordinairement dix-huit ou vingt pages sensible. C'était un beau jour d'été et une brise douce agitait les foins des glacis de la porte de Bonne, sous nos yeux, vis-à-vis de nous, à soixante ou quatre-vingts-pieds plus bas.

Mes parents me vantaient sans cesse, et à leur manière, la beauté des champs, de la verdure, des fleurs, etc., des renoncules, etc.

Ces plates phrases m'ont donné, pour les fleurs et les plates-bandes, un dégoût qui dure encore.

Par bonheur, la vue magnifique que je trouvai *tout seul* à une fenêtre du collège, voisine de la salle du latin, où j'allais rêver tout seul, surmonta le profond dégoût causé par les phrases de mon père et des prêtres, ses amis.

C'est ainsi que, tant d'années après, les phrases nombreuses et prétentieuses de MM. Chateaubriand et de Salvandy m'ont fait écrire *le Rouge et le Noir* d'un style trop haché. Grande sottise, car dans vingt ans, qui songera aux fatras hypocrites de ces Messieurs ? Et moi, je mets un billet à une loterie, dont le gros lot se réduit à ceci : être lu en 1935.

---

par jour, et les jours de courrier quatre ou cinq ou pas du tout. Comment pourrais-je écrire bien physiquement ? D'ailleurs, ma mauvaise écriture arrête les indiscrets.
1ᵉʳ janvier 1836.

C'est la même disposition d'âme qui me faisait fermer les yeux aux paysages des extases de ma tante Séraphie. J'étais en 1794 comme le peuple de Milan est en 1835, les autorités allemandes et abhorrées veulent lui faire goûter Schiller dont la belle âme, si différente de celle du plat Gœthe, serait bien choquée de voir de tels apôtres à sa gloire.

Ce fut une chose bien étrange pour moi que de débuter au printemps de 1794 ou 95 à onze ou douze ans dans une école où j'avais dix ou douze camarades.

Je trouvai la réalité bien au-dessous des folles images de mon imagination. Ces camarades n'étaient pas assez gais, pas assez fous, et ils avaient des façons bien ignobles.

Il me semble que M. Durand, tout enflé de se voir professeur d'une Ecole centrale mais toujours bonhomme me mit à traduire Salluste, *De Bello Jugurtino*. La liberté produisit ses premiers fruits, je revins au bon sens en perdant ma colère et goûtai fort Salluste.

Tout le collège était rempli d'ouvriers, beaucoup de chambres de notre troisième étage étaient ouvertes, j'allais y rêver seul.

Tout m'étonnait dans cette liberté tant souhaitée, et à laquelle j'arrivais enfin.

Les charmes que j'y trouvais n'étaient pas ceux que j'avais rêvés, ces compagnons si gais, si aimables, si nobles, que je m'étais figurés je ne les trouvais pas, mais à leur place des polissons très égoïstes.

Ce désappointement, je l'ai eu à peu près dans tout le courant de ma vie. Les seuls bonheurs d'ambition en ont été exempts, lorsque, en 1810, je fus auditeur et, quinze jours après, inspecteur du mobilier, je fus ivre de contentement, pendant trois mois, de n'être plus commissaire des Guerres et exposé à l'envie et aux mauvais traitements de ces héros si grossiers qui étaient les manœuvres de l'Empereur à Iéna et à Wagram. La postérité ne saura jamais la grossièreté et la bêtise de ces gens-là, hors de leur champ de bataille. Et même sur ce champ de bataille quelle prudence ! C'étaient des gens comme l'amiral Nelson, le héros de Naples (voir Colletta et ce que m'a conté M. Di Fiore), comme Nelson, songeant toujours à ce que chaque blessure leur rapporterait en dotations et en croix. Quels animaux ignobles, comparés à la haute vertu du général Michaud, du colonel Mathis ! Non, la postérité ne saura jamais quels plats jésuites ont été ces héros des bulletins de Napoléon, et comme je riais en recevant le *Moniteur*, à Vienne, Dresde, Berlin, Moscou, que personne presque ne recevait à l'armée afin qu'on ne pût pas se moquer des messages. Les Bulletins étaient des machines de guerre, des *travaux de campagne*, et non des pièces historiques.

Heureusement pour la pauvre vérité, l'extrême lâcheté de ces héros, devenus pairs de France et juges en 1835, mettra la postérité au fait de leur héroïsme en 1809. Je ne fais exception que pour l'aimable Lasalle et pour Exelmans, qui depuis... Mais alors il n'était pas allé rendre visite au maréchal Bourmont, ministre de la Guerre. Moncey aussi n'aurait pas fait certaines bassesses, mais Suchet... J'oubliais le grand Gouvion-Saint-Cyr avant que l'âge l'eût rendu à-demi imbécile, et cette imbécillité remonte à 1814. Il n'eut plus, après cette époque, que le talent d'écrire. Et dans l'ordre civil, sous Napoléon, quels plats bougres que M. de Barante venant persécuter M. Daru à Saint-Cloud au mois de novembre dès sept heures du matin, que le comte d'Argout, bas flatteur du général Sébastiani !

Mais, bon Dieu, où en suis-je ? A l'école de latin, dans les bâtiments du collège.

CHAPITRE 24

Je ne réussissais guère avec mes camarades, je vois aujourd'hui que j'avais alors un mélange fort ridicule de hauteur et de besoin de m'amuser. Je répondis à leur égoïsme le plus âpre par mes idées de noblesse espagnole. J'étais navré quand dans leurs jeux ils me laissaient de côté, pour comble de misère, je ne savais point ces jeux, j'y portais une noblesse d'âme, une délicatesse qui devaient leur sembler de la folie absolue. La finesse et la promptitude de l'égoïsme, un égoïsme, je crois, hors de mesure, sont les seules choses qui aient du succès parmi les enfants.

Pour achever mon peu de succès, j'étais timide envers le professeur, un mot de reproche contenu et dit par hasard par ce petit bourgeois pédant avec un accent juste, me faisait venir les larmes aux yeux. Ces larmes étaient de la lâcheté aux yeux de MM. Gauthier frères, Saint-Ferréol, je crois, Robert (directeur actuel du théâtre Italien, à Paris), et surtout

Odru. Ce dernier était un paysan très fort et encore plus grossier, qui avait un pied de plus qu'aucun de nous et que nous appelions Goliath ; il en avait la grâce, mais nous donnait de fières taloches quand sa grosse intelligence s'apercevait enfin que nous nous moquions de lui.

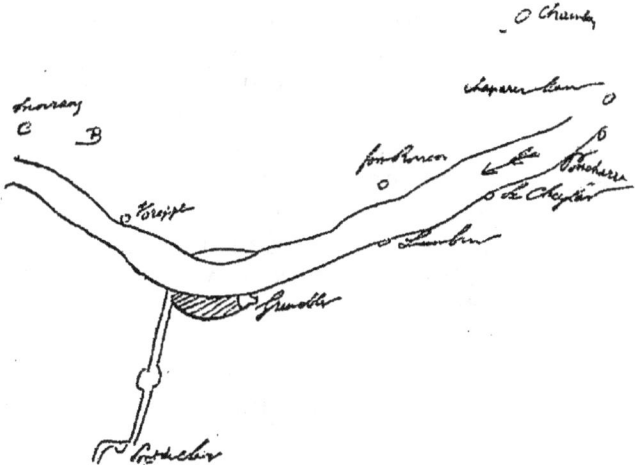

A. Rocher nommé dent de Moirans. — B. Campagnes comparables à celles de Lombardie et de Normandie, les plus belles du monde.

Son père, riche paysan de Lumbin ou d'un autre village dans la vallée[1].

1. Du Versoud. *Note de Colomb.*

(On appelle ainsi par excellence l'admirable vallée de l'Isère, de Grenoble à Montmélian. Réellement, la vallée s'étend jusqu'à la *dent* de Moirans, de cette sorte.)

Mon grand-père avait profité du départ de Séraphie pour me faire suivre les cours de mathématiques, de chimie et de dessin.

M. Dupuy, ce bourgeois si emphatique et si plaisant, était, en importance citoyenne, une sorte de rival subalterne de M. le docteur Gagnon. Il était à plat ventre devant la noblesse, mais cet avantage qu'il avait sur M. Gagnon était compensé par l'absence totale d'amabilités et d'idées littéraires qui alors formaient comme le pain quotidien de la conversation. M. Dupuy, jaloux de voir M. Gagnon membre du jury d'organisation et son supérieur, n'accueillit point la recommandation de ce rival heureux en ma faveur, et je n'ai gagné ma place dans la salle de mathématiques qu'à force de mérite, et en voyant ce mérite, pendant trois ans de suite, mis continuellement en question. M. Dupuy, qui parlait sans cesse (et jamais trop) de Condillac et de sa Logique, n'avait pas l'ombre de logique dans la tête. Il parlait noblement et avec grâce, et il avait une figure imposante et des manières fort polies.

Il eut une idée bien belle en 1794, ce fut de diviser les cent élèves qui remplissaient la salle au rez-de-chaussée, à la première leçon de mathématiques, en brigades de cinq ou de sept ayant chacune un chef.

Le mien était un *grand*, c'est-à-dire un jeune homme au delà de la puberté et ayant un pied de plus que nous. Il nous crachait dessus, en plaçant adroitement un doigt devant sa bouche. Au régiment, un tel caractère s'appelle *arsouille*. Nous nous plaignions de cet arsouille, nommé, je crois, Raimonet, à M. Dupuy, qui fut admirable de noblesse en le cassant. M. Dupuy avait l'habitude de donner leçon aux jeunes officiers d'artillerie de Valence et était fort sensible à l'honneur (au coup d'épée).

Nous suivions le plat cours de Bezout, mais M. Dupuy eut le bon esprit de nous parler de Clairaut et de la nouvelle édition que M. Biot (ce charlatan travailleur) venait d'en donner.

Clairaut était fait pour ouvrir l'esprit, que Bezout tendait à laisser à jamais bouché. Chaque *proposition* dans Bezout a l'air d'un grand secret appris d'une bonne femme voisine.

Dans la salle de dessin, je trouvai que M. Jay et M. Couturier (au nez cassé), son adjoint, me faisaient une terrible injustice. Mais M. Jay à défaut de tout

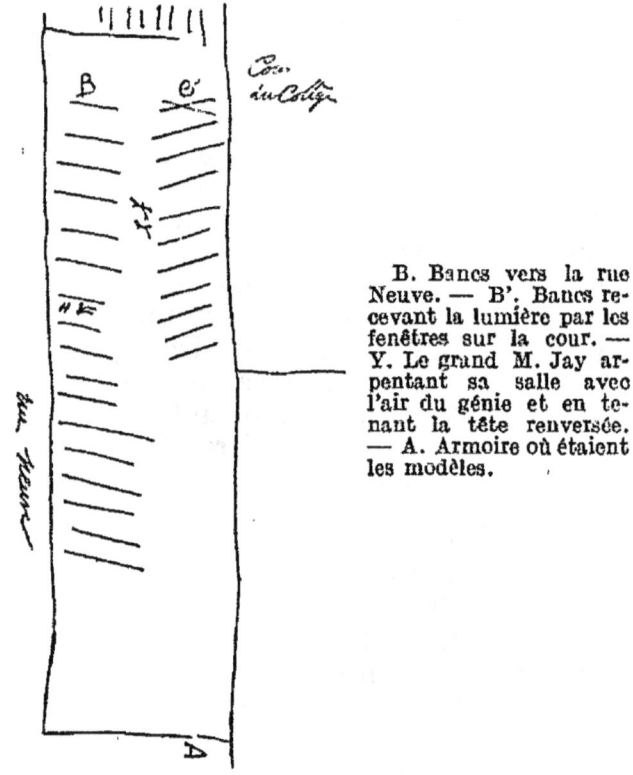

B. Bancs vers la rue Neuve. — B'. Bancs recevant la lumière par les fenêtres sur la cour. — Y. Le grand M. Jay arpentant sa salle avec l'air du génie et en tenant la tête renversée. — A. Armoire où étaient les modèles.

autre mérite avait celui de l'emphase, laquelle emphase, au lieu de nous faire rire, nous enflammait. M. Jay obtenait un beau succès, fort important pour l'Ecole centrale, calomniée par les prêtres. Il avait deux ou trois cents élèves.

Tout cela était distribué par bancs de sept à huit, et chaque jour il fallait faire construire de nouveaux bancs. Et quels modèles ! de mauvaises académies dessinées par MM. Pajou et Jay lui-même, les jambes, les bras, tout était en à peu près, bien patauds, bien lourds, bien laids. C'était le dessin de M. Moreau jeune, ou de ce M. Cochin qui parle si drôlement de Michel-Ange et du Dominiquin dans ses trois petits volumes sur l'Italie.

Les grandes têtes étaient dessinées à la sanguine ou gravées à la manière du crayon. Il faut avouer que la totale ignorance du dessin y paraissait moins que dans les *académies* (figures nues). Le grand mérite de ces têtes qui avaient dix-huit pouces de haut était que les hachures fussent bien parallèles, quant à imiter la nature il n'en était pas question.

Un nommé Moulezin, bête et important à manger du foin et aujourd'hui riche et important bourgeois de Grenoble, et sans doute l'un des plus rudes ennemis du sens commun, s'immortalisa bientôt par le parallélisme parfait de ses hachures à la sanguine. Il faisait des académies et avait été élève de M. Villonne (de Lyon) ;

moi, élève de M. Le Roy, que la maladie et le bon goût parisien avaient empêché de son vivant d'être aussi charlatan que M. Villonne à Lyon, dessinateur pour étoffes, je ne pus obtenir que les grandes têtes, ce qui me choqua fort, mais eut le grand avantage d'être une leçon de modestie.

J'en avais grand besoin, puisqu'il faut parler net. Mes parents dont j'étais l'ouvrage s'applaudissaient de mes talents devant moi, et je me croyais le jeune homme le plus distingué de Grenoble.

Mon infériorité dans les jeux avec mes camarades de latin commença à m'ouvrir les yeux. Le banc des grandes têtes vers H où l'on me plaça, tout près des deux fils d'un cordonnier, à figures ridicules (quelle inconvenance pour le petit-fils de M. Gagnon !), m'inspira la volonté de crever ou d'avancer[1].

Voici l'histoire de mon talent pour le dessin : ma famille, toujours judicieuse, avait décidé, après un an ou dix-huit mois de leçons chez cet homme si poli, M. Le Roy, que je dessinais fort bien.

Le fait est que je ne me doutais pas

---

1. Rapidité, raison de la mauvaise écriture. 1ᵉʳ janvier 1836. Il n'est que deux heures, j'ai déjà écrit seize pages, il fait froid, la plume va mal ; au lieu de me mettre en colère, je vais en avant, écrivant comme je puis.

seulement que le dessin est une imitation de la nature. Je dessinais avec un crayon noir et blanc une tête en demi-relief. (J'ai vu à Rome, au Braccio nuovo, que c'est la tête de Musa, médecin d'Auguste.) Mon dessin était propre, froid, sans aucun mérite, comme le dessin d'une jeune pensionnaire.

Mes parents, qui avec toutes leurs phrases sur les beautés de la campagne et les beaux paysages, n'avaient aucun sentiment des arts, — pas une gravure passable à la maison ! — me déclarèrent très fort en dessin. M. Le Roy vivait encore et peignait des paysages à la gouache (couleur épaisse), moins mal que le reste.

J'obtins de laisser là le crayon et de peindre à la gouache.

M. Le Roy avait fait une vue du pont de la Vence, entre la Buisserate et Saint-Robert, prise du point A.

Je passais ce pont plusieurs fois l'an pour aller à Saint-Vincent, je trouvais que le dessin surtout la montagne en M ressemblait fort, je fus illusionné. Donc, d'abord, et avant tout, il faut qu'un dessin ressemble à la nature !

Il n'était plus question de hachures bien parallèles. Après cette belle découverte, je fis de rapides progrès.

Le pauvre M. Le Roy vint à mourir, je le regrettai. Cependant, j'étais encore esclave alors, et tous les jeunes gens allaient chez M. Villonne, dessinateur pour étoffes chassé de *Commune-Affranchie* par la guerre et les échafauds. Commune-Affranchie était le nouveau nom donné à Lyon depuis sa prise.

Je communiquai à mon père (mais par hasard et sans avoir l'esprit d'y songer) mon goût pour la gouache, et j'achetai de Mme Le Roy, au triple de leur valeur, beaucoup de gouaches de son mari.

Je convoitais fort deux volumes des *Contes* de La Fontaine, avec gravures fort délicatement faites mais fort claires.

« Ce sont des horreurs, me dit Mme Le Roy avec ses beaux yeux de soubrette bien hypocrites ; mais ce sont des chefs-d'œuvre. »

Je vis que je ne pouvais escamoter le prix des *Contes* de La Fontaine sur celui des gouaches. L'Ecole centrale s'ouvrit, je ne songeai plus à la gouache, mais ma découverte me [resta] : il fallait imiter la nature, et cela empêcha peut-être que mes grandes têtes, copiées d'après ces plats dessins, fussent aussi exécrables qu'elles auraient dû l'être. Je me souviens du *Soldat indigné*, dans Héliodore chassé, de Raphaël ; je ne vois jamais l'original (au Vatican) sans me souvenir de ma copie ; le mécanisme du crayon, tout à fait arbitraire, même faux, brillait surtout dans le dragon qui surmonte le casque.

Quand nous avions fait un ouvrage passable, M. Jay s'asseyait à la place de l'élève, corrigeait un peu la tête et raisonnait avec emphase, mais enfin en raisonnant, et enfin signait la tête par derrière, apparemment *ne varietur*, pour qu'elle pût, au milieu ou à la fin de l'année, être présentée au concours. Il nous enflammait, mais n'avait pas la plus petite notion du *beau*. Il n'avait fait en sa vie qu'un tableau indigne, une Liberté copiée d'après sa femme, courte, ramassée, sans forme. Pour l'alléger, il avait occupé le premier plan par un tombeau derrière lequel la Liberté paraissait cachée jusqu'aux genoux.

La fin de l'année arriva, il y eut des

examens en présence du jury et je crois d'un membre du Département.

Je n'obtins qu'un misérable *accessit*, et encore pour faire plaisir je pense à M. Gagnon, chef du jury, et à M. Dausse, autre membre du jury fort ami de M. Gagnon.

Mon grand-père en fut humilié, et il me le dit avec une politesse et une mesure parfaites. Son mot si simple fit sur moi tout l'effet possible. Il ajouta en riant : « Tu ne savais que nous montrer ton gros derrière ! »

Cette position peu aimable avait été remarquée au tableau de la salle de mathématiques.

C'était une ardoise de six pieds sur quatre, soutenue, à cinq pieds de haut, par un châssis fort solide ; on y montait par trois degrés.

M. Dupuy faisait démontrer une proposition, par exemple le carré de l'hypothénuse ou ce problème : un ouvrage coûte sept livres, quatre sous, trois deniers la toise ; l'ouvrier en a fait deux toises, cinq pieds, trois pouces. Combien lui revient-il ?

Dans le courant de l'année, M. Dupuy avait toujours appelé au tableau M. de Monval, qui était noble, M. de Pina, noble et ultra, M. Anglès, M. de Renneville, noble et jamais moi, ou une seule fois.

Le cadet Monval, buse à figure de buse, mais bon mathématicien (terme de l'école), a été massacré par les brigands en Calabre, vers 1806, je crois. L'aîné étant avec Paul-Louis Courier dans un pied si bien devint un sale vieux ultra. Il fut colonel, ruina d'une vilaine façon une grande dame de Naples ; à Grenoble, voulut souffler le froid et le chaud vers 1830, fut découvert et généralement méprisé. Il est mort de ce mépris général, et richement mérité, fort loué par les dévots (voir la *Gazette* de 1832 ou 1833). C'était un joli homme, coquin à tout faire.

M. de Pina, maire à Grenoble de 1825 à 1830. Ultra à tout faire et oubliant la probité en faveur de ses neuf ou dix enfants, il a réuni 60 ou 70.000 francs de rente. Fanatique sombre et, je pense, coquin à tout faire, vrai jésuite.

Anglès, depuis préfet de police, travailleur infatigable, aimant l'ordre, mais en politique coquin à tout faire, mais, selon moi, infiniment moins coquin que les deux précédents, lesquels, dans le genre coquin, tiennent la première place dans mon esprit.

La jolie Mme la comtesse Anglès était amie de Mme la comtesse Daru, dans le salon de laquelle je la vis. Le joli comte de Meffrey (de Grenoble, comme M. Anglès) était son amant. La pauvre femme s'ennuyait beaucoup, ce me semble, malgré les grandes places du mari.

Ce mari, fils d'un avare célèbre, et avare lui-même, était l'animal le plus triste et avait l'esprit le plus pauvre, le plus anti-mathématique. D'ailleurs, lâche jusqu'au scandale ; je conterai plus tard l'histoire de son soufflet et de sa queue. Vers 1826 ou 29, il perdit la préfecture de police et alla bâtir un beau château dans les montagnes, près de Roanne, et y mourut fort brusquement bientôt après, jeune encore. C'était un triste animal, il avait tout le mauvais du caractère dauphinois, bas, fin, cauteleux, attentif aux moindres détails.

M. de Renneville, cousin des Monval, était beau et bête à manger du foin. Son père était l'homme le plus sale et le plus fier de Grenoble. Je n'ai plus entendu parler de lui depuis l'école.

M. de Sinard, bon écolier, réduit à la mendicité par l'émigration, protégé et soutenu par M. de Vaulserre, fut mon ami.

Monté au tableau, on écrivait en O. La tête du démontrant était bien à huit pieds de haut. Moi, placé en évidence une fois par mois, nullement soutenu par M. Dupuy, qui parlait à Monval ou à M. de Pina pendant que je démontrais, j'étais pénétré de timidité et je bredouil-

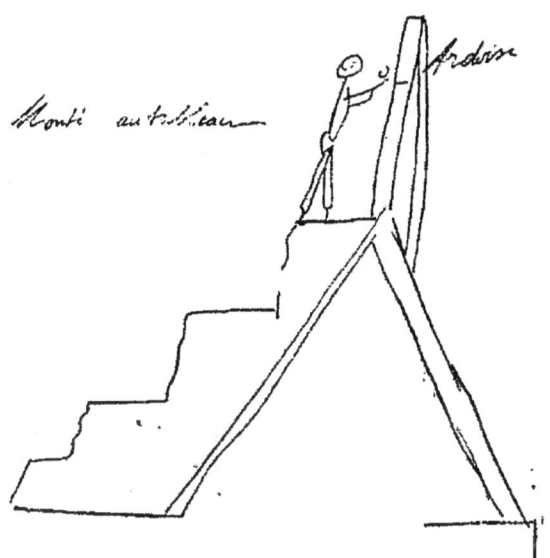

lais. Quand je montais au tableau à mon tour, devant le jury, ma timidité redoubla, je m'embrouillai en regardant ces Messieurs, et surtout le terrible M. Dausse, assis à côté et à droite du tableau. J'eus la présence d'esprit de ne plus les regarder, de ne plus faire attention qu'à mon opération, et je m'en tirai correctement, mais en les ennuyant. Quelle différence avec ce qui se passa en août 1799 ! Je puis dire que c'est à force de mérite que j'ai percé *aux mathématiques* et au dessin, comme nous disions à l'Ecole centrale.

J'étais gros et peu grand, j'avais une redingote gris clair, de là le reproche.

« Pourquoi donc n'as-tu pas eu de prix ? me disait mon grand-père.

— Je n'ai pas eu le temps. »

Les cours n'avaient, je crois, duré cette première année que quatre ou cinq mois.

J'allai à Claix, toujours fou de la chasse ; mais en courant les champs, malgré mon père, je réfléchissais profondément à ce mot : « Pourquoi n'as-tu pas eu de prix ? »

Je ne puis me rappeler si je suis allé pendant quatre ans ou seulement pendant trois à l'École centrale. Je suis sûr de la date de sortie, examen de la fin de 1799, les Russes attendus à Grenoble.

Les aristocrates et mes parents, je crois, disaient :

O Rus, quando ego te adspiciam !

Pour moi, je tremblais pour l'examen qui devait me faire sortir de Grenoble !

Si j'y venais jamais, quelques recherches dans les Archives de l'Administration départementale, à la Préfecture, m'apprendront si l'Ecole centrale a été ouverte en 1796 ou seulement en 1797.

On comptait alors par les années de la république, c'était l'an V ou l'an VI. Ce n'est que longtemps après, quand l'Empereur l'a bêtement voulu, que j'ai appris à connaître 1796, 1797. Je voyais les choses de près, alors [1].

L'Empereur commença alors à élever le trône des Bourbons, et fut secondé par la lâcheté sans bornes de M. de Laplace. Chose singulière, les poètes ont du cœur, les savants proprement dits sont serviles et lâches. Quelle n'a pas été la servilité et la bassesse vers le pouvoir de M. Cuvier ! Elle faisait horreur même au sage Sutton Sharpe. Au Conseil d'Etat, M. le baron Cuvier était toujours de l'avis le plus lâche.

Lors de la création de l'ordre de la Réunion, j'étais dans le plus intime de la Cour ; il vint *pleurer*, c'est le mot, pour l'avoir. Je rapporterai en son temps la réponse de l'Empereur. Arrivés par la

---

1. Ecriture. Le 1ᵉʳ janvier 1836, 26 pages. Toutes les plumes vont mal, il fait un froid de chien ; au lieu de chercher à bien former mes lettres et de m'impatienter, *io tiro avanti*. M. Colomb me reproche dans chaque lettre d'écrire mal.

lâcheté : Bacon, Laplace, Cuvier, M. Lagrange fut moins plat, ce me semble.

Sûrs de leur gloire par leurs écrits, ces Messieurs espèrent que le savant couvrira l'homme d'Etat ; en affaires d'argent, comme on le sait, ils courent à l'utile. Le célèbre Legendre, géomètre de premier ordre, recevant la croix de la Légion d'Honneur, l'attacha à son habit, se regarda à son miroir, et sauta de joie.

L'appartement était bas, sa tête heurta le plafond, il tomba, à moitié assommé. Digne mort c'eût été pour ce successeur d'Archimède !

Que de bassesses n'ont-ils pas faites à l'Académie des Sciences, de 1825 à 1830 et depuis, pour s'escamoter des croix ! Cela est incroyable, j'en ai su le détail par MM. de Jussieu, Edwards, Milne-Edwards, et par le salon de M. le baron Gérard. J'ai oublié tant de saletés.

Un Maupeou est moins bas en ce qu'il dit ouvertement : « Je ferai tout ce qu'il faut pour avancer[1]. »

---

1. Le 1ᵉʳ janvier 1836, 29 pages. Je cesse faute de lumière au ciel, à quatre heures trois quarts.

CHAPITRE 25

Mon âme délivrée de la tyrannie commençait à prendre quelque ressort. Peu à peu je n'étais plus continuellement obsédé de ce sentiment si énervant : la haine impuissante.

Ma bonne tante Élisabeth était ma providence. Elle allait presque tous les soirs faire sa partie chez Mesdames Colomb ou Romagnier. Ces excellentes sœurs n'avaient de bourgeois que quelques manies de prudence et quelques habitudes. Elles avaient de belles âmes, chose si rare en province, et étaient tendrement attachées à ma tante Élisabeth.

Je ne dis pas assez de bien de ces bonnes cousines ; elles avaient l'âme grande, généreuse ; elles en avaient donné des preuves singulières dans les grandes occasions de leur vie.

Mon père, de plus en plus absorbé par sa passion pour l'agriculture et pour Claix, y passait trois ou quatre jours par semaine. La maison de M. Gagnon, où il dînait et soupait tous les jours depuis la mort de ma mère, ne lui était plus aussi agréable à beaucoup près. Il ne parlait à cœur ouvert qu'à Séraphie. Les sentiments espagnols de ma tante Élisabeth le tenaient en respect, il y avait toujours très peu de conversation entre eux. La petite finesse dauphinoise de tous les instants et la timidité désagréable de l'un s'alliait mal à la sincérité noble et à la simplicité de l'autre. Mademoiselle Gagnon n'avait aucun goût pour mon père qui, d'un autre côté, n'était pas de force à soutenir la conversation avec M. le Docteur Gagnon, il était respectueux et poli, M. Gagnon était très poli, et voilà tout. Mon père ne sacrifiait donc rien en allant passer trois ou quatre jours par semaine à Claix. Il me dit deux ou trois fois quand il me forçait à l'accompagner à Claix qu'il était triste à son âge de ne pas avoir un chez-soi.

Rentrant le soir pour souper avec ma tante Élisabeth, mon grand-père et mes deux sœurs, je n'avais pas à craindre un interrogatoire bien sévère. En général, je disais en riant que j'étais allé chercher ma tante chez Mesdames Romagnier et Colomb ; souvent, en effet, de chez ces dames, je l'accompagnais jusqu'à la porte de l'appartement et je redescendais en courant pour aller passer une demi-heure à la promenade du Jardin de Ville qui, le soir, en été, au clair de lune, sous de superbes marronniers de quatre-vingts pieds de haut, servait de rendez-vous à tout ce qui était jeune et brillant dans la ville.

Peu à peu je m'enhardis, j'allai plus souvent au spectacle, toujours au parterre debout.

Je sentais un tendre intérêt à regarder une jeune actrice, nommée Mlle Cubly. Bientôt j'en fus éperdûment amoureux, je ne lui ai jamais parlé.

C'était une jeune femme mince, assez grande, avec un nez aquilin, jolie, svelte, bien faite. Elle avait encore la maigreur de la première jeunesse, mais un visage sérieux et souvent mélancolique.

Tout fut nouveau pour moi dans l'étrange folie qui, tout à coup, se trouva maîtresse de toutes mes pensées. Tout autre intérêt s'évanouit pour moi. A peine je reconnus le sentiment dont la peinture m'avait charmé dans la *Nouvelle Héloïse*, encore moins était-ce la volupté de *Félicia*. Je devins tout à coup indifférent et juste pour tout ce qui m'environnait, ce fut l'époque de la mort de ma haine pour feu ma tante Séraphie.

Mlle Cubly jouait dans la comédie les rôles de jeunes premières, elle chantait aussi dans l'opéra-comique.

On sent bien que la vraie comédie n'était pas à mon usage. Mon grand-père m'étourdissait sans cesse du grand mot : *la connaissance du cœur humain*. Mais que pouvais-je savoir *sur ce cœur humain* ? Quelques *prédictions* tout au plus, accrochées dans les livres, dans *Don Quichotte* particulièrement, le seul presque qui ne m'inspirât pas de la méfiance, tous les autres avaient été conseillés par mes tyrans, car mon grand-père (nouveau converti, je pense) s'abstenait de plaisanter sur les livres que mon père et Séraphie me faisaient lire [1].

Il me fallait donc la comédie romanesque, c'est-à-dire le drame peu noir, présentant des malheurs d'amour et non d'argent (le drame noir et triste s'appuyant sur le manque d'argent m'a toujours fait horreur comme bourgeois et trop vrai, mon c. aussi est dans la nature, disait... à un auteur).

Mlle Cubly brillait dans *Claudine*, de Florian.

Une jeune Savoyarde, qui a eu un petit enfant, au Montanvert, d'un jeune voyageur élégant, s'habille en homme et, suivie de son petit marmot, fait le métier de décrotteur sur une place de Turin.

---

1. Style. Pas de style soutenu.

Elle retrouve son amant qu'elle aime toujours, elle devient son domestique, mais cet amant va se marier.

L'acteur qui jouait l'amant, nommé Poussi, ce me semble, — ce nom me revient tout à coup après tant d'années — disait avec un naturel parfait : « Claude ! Claude ! » dans un certain moment où il grondait son domestique qui lui disait du mal de sa future. Ce ton de voix retentit encore dans mon âme, je vois l'acteur.

Pendant plusieurs mois, cet ouvrage, souvent redemandé par le public, me donna les plaisirs les plus vifs, et je dirais les plus vifs que m'aient donnés les ouvrages d'art, si, depuis longtemps, mon plaisir n'avait été l'admiration tendre, la plus dévouée et la plus folle.

Je n'osais pas prononcer le nom de Mlle Cubly ; si quelqu'un la nommait devant moi, je sentais un mouvement singulier près du cœur, j'étais sur le point de tomber. Il y avait comme une tempête dans mon sang.

Si quelqu'un disait *la* Cubly, au lieu de : Mademoiselle Cubly, j'éprouvais un sentiment de haine et d'horreur[1], que j'étais à peine maître de contenir.

---

1. Stendhal avait écrit : *Orreur*. Aussi ajoute-t-il dans la marge : « Voilà l'orthographe de la passion : orreur. »
N. D. L. E.

Elle chantait de sa pauvre petite voix faible dans *le Traité nul*, opéra de Gaveau (pauvre d'esprit, mort fou quelques années plus tard).

Là commença mon amour pour la musique, qui a peut-être été ma passion la plus forte et la plus coûteuse ; elle dure encore à cinquante-deux ans, et plus vive que jamais. Je ne sais combien de lieues je ne ferais pas à pied, ou à combien de jours de prison je ne me soumettrais pas pour entendre *Don Juan* ou le *Matrimonio Segreto*, et je ne sais pour quelle autre chose je ferais cet effort. Mais, pour mon malheur, j'exècre la musique *médiocre* (à mes yeux elle est un pamphlet satyrique contre la bonne, par exemple le *Furioso* de Donizetti, hier soir, Rome, *Valle*[1]. Les Italiens, bien différents de moi, ne peuvent souffrir une musique dès qu'elle a plus de cinq ou six ans. L'un d'eux disait devant moi, chez madame... : « Une musique qui a plus d'un an peut-elle être belle ?. »)

Quelle parenthèse, grand Dieu ! En relisant, il faudra effacer, ou mettre à une autre place, la moitié de ce manuscrit[2].

---

[1]. Au théâtre delle Valle, à Rome. *Note de Colomb.*
[2]. Non, laisser cela tel quel. Dorer l'histoire Cubly, peut-être ennuyeuse pour les Pasquier de 51 ans. Ces gens sont cependant l'élite des lecteurs.

J'appris par cœur, et avec quels transports ! ce filet de vinaigre continu et saccadé qu'on appelait *Le Traité nul*.

Un acteur passable, qui jouait gaiement le rôle du valet (je vois aujourd'hui qu'il avait la véritable insouciance d'un pauvre diable qui n'a que de tristes pensées à la maison, et qui se livre à son rôle avec bonheur), me donna les premières idées du *comique*, surtout au moment où il arrange la contredanse qui finit par : Mathurine nous écoutait...

Un paysage de la forme et de la grandeur d'une lettre de change, où il y avait beaucoup de gomme-gutte fortifiée par du bistre, surtout sur le premier plan à gauche, que j'avais acheté chez M. Le Roy, et que je copiais alors avec délices, me semblait absolument la même chose que le jeu de cet acteur comique, qui me faisait rire de bon cœur quand Mlle Cubly n'était pas en scène ; s'il lui adressait la parole, j'étais attendri, enchanté. De là vient peut-être qu'encore aujourd'hui la même sensation m'est souvent donnée par un tableau ou par un morceau de musique. Que de fois j'ai trouvé cette identité dans le musée Brera, à Milan (1814-1821) !

Cela est d'un vrai et d'une force que j'ai peine à exprimer, et que d'ailleurs on croirait difficilement.

Le mariage, l'union intime de ces deux beaux-arts, a été à jamais cimenté quand j'avais douze ou treize ans par quatre ou cinq mois du bonheur le plus vif et de la sensation de volupté la plus forte, et allant presque jusqu'à la douleur, que j'aie jamais éprouvée.

Actuellement, je vois (mais je vois de Rome, à cinquante-deux ans) que j'avais le goût de la musique avant ce *Traité nul* si sautillant, si filet de vinaigre, si français, mais que je sais encore par cœur. Voici mes souvenirs : 1º le son des cloches de Saint-André, surtout sonnées pour les élections, une année que mon cousin Abraham Mallein (père de mon beau-frère Alexandre) était président ou simplement électeur ; 2º le bruit de la pompe de la place Grenette, quand les servantes, le soir, pompaient avec la grande barre de fer ; 3º enfin, mais le moins de tous, le bruit d'une flûte que quelque commis marchand jouait au quatrième étage sur la place Grenette.

Ces choses m'avaient déjà donné des plaisirs qui, à mon insu, étaient des plaisirs musicaux.

Mlle Cubly jouait aussi dans l'*Épreuve villageoise* de Grétry, infiniment moins mauvaise que le *Traité nul*. Une situation tragique me fit frémir dans *Raoul, sire de Créqui* ; en un mot, tous les mauvais petits opéras de 1794 furent portés au sublime pour moi, par la présence de Mlle Cubly ; rien ne pouvait être commun ou plat dès qu'elle paraissait.

J'eus, un jour, l'extrême courage de demander à quelqu'un où logeait Mlle Cubly. C'est probablement l'action la plus brave de ma vie.

« Rue des Clercs », me répondit-on.

J'avais eu le courage, bien auparavant, de demander si elle avait un amant. A quoi l'interrogé me répondit par quelque dicton grossier ; il ne savait rien sur son genre de vie.

Je passais par la rue des Clercs à mes jours de grand courage : le cœur me battait, je serais peut-être tombé si je l'eusse rencontrée, j'étais bien délivré quand, arrivé au bas de la rue des Clercs, j'étais sûr de ne pas la rencontrer.

Un matin, me promenant seul au bout de l'allée des grands marronniers, au Jardin-de-Ville, et pensant à elle comme toujours, je l'aperçus à l'autre bout du jardin, contre le mur de l'intendance, qui venait vers la terrasse. Je faillis me trouver mal et enfin *je pris la fuite*, comme si le diable m'emportait, le long de la grille, par la ligne F ; elle était, je crois, en K'. J'eus le bonheur de n'en être pas aperçu.

Notez qu'elle ne me connaissait d'aucune façon. Voilà un des traits les plus marqués de mon caractère, tel j'ai toujours été (même avant-hier). Le bonheur de la voir

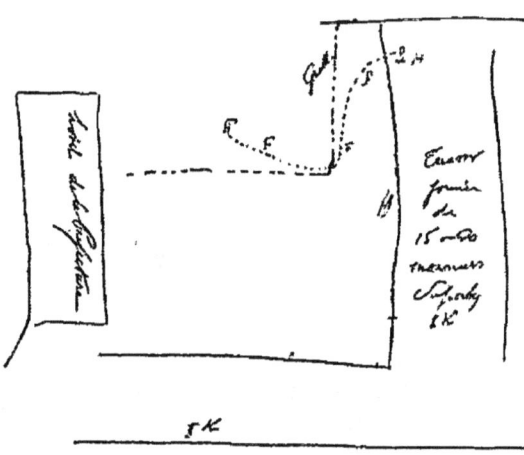

de près, à cinq ou six pas de distance, était trop grand, il me brûlait, et je fuyais cette brûlure, peine fort réelle.

Cette singularité me porterait assez à croire que, pour l'amour, j'ai le tempérament mélancolique de Cabanis.

En effet, l'amour a toujours été pour moi la plus grande des affaires, ou plutôt la seule. Jamais je n'ai eu peur de rien que de voir la femme que j'aime regarder un rival avec intimité. J'ai très peu de colère contre le rival : il fait son affaire, pensé-je, mais ma douleur est sans bornes et poignante ; c'est au point que j'ai besoin de m'abandonner sur un banc de pierre, à la porte de la maison. J'admire tout dans le rival préféré (le chef d'escadrons Gibory et Mme Martin, palazzo Aguissola, Milan).

Aucun autre chagrin ne produit chez moi la millième partie de cet effet.

Auprès de l'Empereur, j'étais attentif, zélé, ne pensant nullement à ma cravate, à la grande différence des autres.(Exemple : un soir à 7 heures, à..., en Lusace, campagne de 1813, le lendemain de la mort du duc de Frioul.)

Je ne suis ni timide, ni mélancolique en écrivant et m'exposant au risque d'être sifflé ; je me sens plein de courage et de fierté quand j'écris une phrase qui serait repoussée par l'un de ces deux géants (de 1835) : MM. de Chateaubriand ou Villemain.

Sans doute, en 1880, il y aura quelque charlatan adroit, mesuré, à la mode, comme ces Messieurs aujourd'hui. Mais si on lit ceci on me croira envieux, ceci me désole ; ce plat vice bourgeois est, ce me semble, le plus étranger à mon caractère.

Réellement, je ne suis que mortellement

jaloux des gens qui font la cour à une femme que j'aime ; bien plus, je le suis même de ceux qui lui ont fait la cour, dix ans avant moi, par exemple le premier amant de Babet (à Vienne, en 1809).

« Tu le recevais dans ta chambre !

— Tout était chambre pour nous, nous étions seuls dans le château, et il avait les clefs. »

Je sens encore le mal que me firent ces paroles, c'était pourtant en 1809, il y a vingt-sept ans ; je vois cette naïveté parfaite de la jolie Babet ; elle me regardait.

Je trouve sans doute beaucoup de plaisir à écrire depuis une heure, et à chercher à peindre *bien juste* mes sensations du temps de Mlle Cubly, mais qui diable aura le courage de lire cet amas excessif de *je* et de *moi* ? Cela me paraît *puant* à moi-même. C'est là le défaut de ce genre d'écrit et, d'ailleurs, je ne puis relever la fadeur par aucune sauce de charlatanisme. Oserais-je ajouter : *comme les confessions de Rousseau* ? Non, malgré l'énorme absurdité de l'objection, l'on va encore me croire envieux ou plutôt cherchant à établir une comparaison, effroyable par l'absurde, avec le chef-d'œuvre de ce grand écrivain.

Je proteste de nouveau et une fois pour toutes que je méprise souverainement et sincèrement M. Pariset, M. de Salvandy, M. Saint-Marc Girardin et les autres hâbleurs, pédants gagés et jésuites du Journal des Débats, mais pour cela je ne m'en crois pas plus près des grands écrivains. Je ne me crois d'autre garant de mérite que de peindre *ressemblante* la nature qui m'apparaît si clairement en de certains moments. Secondement, je suis sûr de ma parfaite bonne foi, de mon adoration pour le vrai ; troisièmement et du plaisir que j'ai à écrire, plaisir qui allait jusqu'à la folie en 1817, à Milan, chez M. Peronti, corsia del Giardino [1].

[1]. Peut-être tout 370 est-il mal placé, mais la fadeur de l'amour Cubly doit être relevée par une pensée plus substantielle.

CHAPITRE 26

Mais revenons à Mlle Cubly. Que j'étais loin de l'envie, et de songer à craindre l'*impulation d'envie*, et de songer aux autres de quelque façon que ce fût dans ce temps-là ! La vie commençait pour moi.

Il n'y avait qu'un être au monde : Mlle Cubly ; qu'un événement : devait-elle jouer ce soir-là, ou le lendemain ?

Quel désappointement quand elle ne jouait pas, et qu'on donnait quelque tragédie !

Quel transport de joie pure, tendre, triomphante, quand je lisais son nom sur l'affiche ! Je la vois encore, cette affiche, sa forme, son papier, ses caractères.

J'allais successivement lire ce nom chéri à trois ou quatre des endroits auxquels on affichait : à la porte des Jacobins, à la voûte du Jardin, à l'angle[1] de la maison de mon grand-père. Je ne lisais

---

1. Stendhal écrit : *engle*, et il note : « Engle, orthographe de la passion, peinture des sons, et rien autre. » N. D. L. E.

pas seulement son nom, je me donnais le plaisir de relire toute l'affiche. Les caractères un peu usés du mauvais imprimeur qui fabriquait cette affiche devinrent chers et sacrés pour moi, et, durant de longues années, je les ai aimés, mieux que de plus beaux.

Même, je me rappelle ceci : en arrivant à Paris, en novembre 1799, la beauté des caractères me choqua ; ce n'étaient plus ceux qui avaient imprimé le nom de Cubly.

Elle partit, je ne puis dire l'époque. Pendant longtemps je ne pus plus aller au spectacle. J'obtins d'apprendre la musique, ce ne fut pas sans peine : la religion de mon père était choquée d'un art si profane, et mon grand-père n'avait pas le plus petit goût pour cet art.

Je pris un maître de violon, nommé Mention, l'homme le plus plaisant, c'était là l'ancienne gaieté française mêlée de bravoure et d'amour. Il était fort pauvre, mais il avait le cœur d'artiste ; un jour que je jouais plus mal qu'à l'ordinaire, il ferma le cahier, disant : « Je ne donne plus leçon. »

J'allai chez un maître de clarinette, nommé Hoffmann (rue de Bonne), bon allemand ; je jouais un peu moins mal. Je ne sais comment je quittai ce maître pour passer chez M. Holleville, rue Saint-Louis, vis-à-vis Mme Barthélemy, notre cordonnière. Violon fort passable, il était sourd, mais distinguait la moindre note fausse. Je me rencontrais là avec M. Félix Faure (aujourd'hui pair de France, Premier Président, jugeur d'août 1835). Je ne sais comment je quittai Holleville.

Enfin, j'allai prendre leçon de musique vocale, à l'insu de mes parents, à six heures du matin, place Saint-Louis, chez un fort bon chanteur.

Mais rien n'y faisait : j'avais horreur tout le premier des sons que je produisais. J'achetais des airs italiens, un entre autres où je lisais *Amore*, ou je ne sais quoi, *nell' cimento* ; je comprenais : *dans le ciment, dans le mortier*. J'adorais ces airs italiens auxquels je ne comprenais rien. J'avais commencé trop tard. Si quelque chose eût été capable de me dégoûter de la musique, c'eût été les sons exécrables qu'il faut produire pour l'apprendre. Le seul *piano* eût pu me faire tourner la difficulté, mais j'étais né dans une famille essentiellement inharmonique.

Quand, dans la suite, j'ai écrit sur la musique, mes amis m'ont fait une objection principale de cette ignorance. Mais je dois dire sans affectation aucune qu'au même moment je sentais dans le morceau qu'on exécutait des nuances qu'ils n'apercevaient pas. Il en est de même pour les nuances des physionomies dans les copies du même tableau. Je vois ces choses aussi clairement *qu'à travers un cristal*. Mais, grand Dieu ! on va me croire un sot !

Quand je revins à la vie après quelques mois de l'absence de Mlle Cubly, je me trouvai un autre homme.

Je ne haïssais plus Séraphie, je l'oubliais ; quant à mon père, je ne désirais qu'une chose : ne pas me trouver auprès de lui. J'observai, avec remords, que je n'avais pas pour lui une *goutte* de tendresse ni d'affection.

Je suis donc un monstre, me disais-je. Et pendant de longues années je n'ai pas trouvé de réponse à cette objection. On parlait sans cesse et *à la nausée* de tendresse pour les parents dans ma famille. Ces braves gens appelaient *tendresse* la vexation continue dont ils m'honoraient depuis cinq ou six ans. Je commençai à entrevoir qu'ils s'ennuyaient mortellement et qu'ayant trop de vanité pour reprendre avec le monde, qu'ils avaient imprudemment quitté à l'époque d'une perte cruelle, j'étais leur ressource contre l'ennui.

Mais rien ne pouvait plus m'émouvoir après ce que je venais de sentir. J'étudiai ferme le latin et le dessin, et j'eus un premier prix, je ne sais dans lequel de ces deux cours, et un second. Je traduisis avec plaisir la *Vie d'Agricola* de Tacite, ce fut presque la première fois que le latin me causa quelque plaisir. Ce plaisir était gâté *amaramente* par les taloches que me donnait le grand Odru, gros et ignare paysan de Lumbin, qui étudiait avec nous et ne comprenait rien à rien. Je me battais ferme avec Giroud, qui avait un habit rouge. J'étais encore un enfant pour une grande moitié de ma vie.

Et toutefois, la tempête morale à laquelle j'avais été en proie durant plusieurs mois m'avait mûri, je commençai à me dire sérieusement :

« Il faut prendre un parti et me tirer de ce bourbier. »

Je n'avais qu'un moyen au monde : les mathématiques. Mais on me les expliquait si bêtement que je ne faisais aucun progrès ; il est vrai que mes condisciples en faisaient encore moins, s'il est possible. Ce grand M. Dupuy nous expliquait les propositions comme une suite de recettes pour faire du vinaigre.

Cependant, Bezout était ma seule ressource pour sortir de Grenoble. Mais Bezout était si bête ! C'était une tête comme celle de M. Dupuy, notre emphatique professeur.

Mon grand-père connaissait un bourgeois à tête étroite, nommé Chabert, lequel *montrait les mathématiques en chambre*. Voilà le mot du pays et qui va parfai-

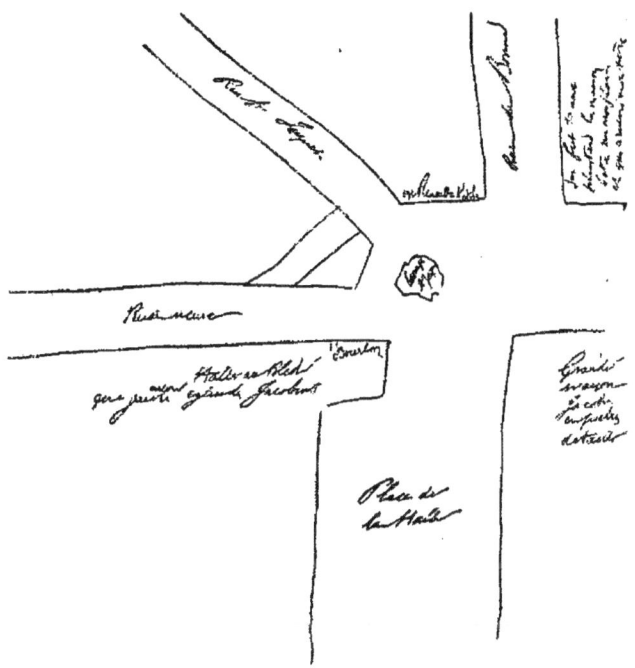

tement à l'homme. J'obtins avec assez de peine d'aller dans cette chambre de M. Chabert ; on avait peur d'offenser

M. Dupuy, et d'ailleurs il fallait payer douze francs par mois, ce me semble.

Je répondis que la plupart des élèves du cours de mathématiques à l'Ecole centrale allaient chez M. Chabert, et que si je n'y allais pas aussi je resterais le dernier à l'Ecole centrale. J'allai donc chez M. Chabert. M. Chabert était un bourgeois assez bien mis, mais qui avait toujours l'air endimanché et dans les transes de gâter son habit et son gilet et sa jolie culotte de casimir *merde d'oie*, il avait aussi une assez jolie figure bourgeoise. Il logeait rue Neuve, près la rue Saint-Jacques et presque en face de Bourbon, marchand de fer, dont le nom me frappait, car ce n'était qu'avec les signes du plus profond respect et du plus véritable dévouement que mes bourgeois de parents prononçaient ce nom. On eût dit que la vie de la France y eût été attachée.

Mais je retrouvai chez M. Chabert ce manque de faveur qui m'assommait à l'Ecole centrale et ne me faisait jamais appeler au tableau. Dans une petite pièce et au milieu de sept à huit élèves réunis autour d'un tableau de toile cirée, rien n'était plus disgracieux que de demander à monter au tableau, c'est-à-dire à aller expliquer pour la cinquième ou sixième fois une proposition que quatre ou cinq élèves avaient déjà expliquée. C'est cependant ce que j'étais obligé de faire quelquefois chez M. Chabert, sans quoi je n'eusse jamais *démontré*. M. Chabert me croyait un *minus habens* et est resté dans cette abominable opinion. Rien n'était drôle dans la suite comme de l'entendre parler de mes succès en mathématiques.

Mais dans ces commencements ce fut un étrange manque de soin et, pour mieux dire, d'esprit, de la part de mes parents, de ne pas demander si j'étais en état de *démontrer*, et combien de fois par semaine je montais au tableau. Ils ne descendaient pas dans ces détails. M. Chabert, qui faisait profession d'un grand respect pour M. Dupuy, n'appelait guère au tableau que ceux qui y parvenaient à l'Ecole centrale. Il y avait un certain M. de Renneville, que M. Dupuy appelait au tableau comme noble et comme cousin des Monval, c'était une sorte d'imbécile presque muet et les yeux très ouverts ; j'étais choqué à déborder quand je voyais M. Dupuy et M. Chabert le préférer à moi.

J'excuse M. Chabert, je devais être le petit garçon le plus présomptueux et le plus méprisant. Mon grand-père et ma famille me proclamaient une merveille, n'y avait-il pas cinq ans qu'ils me donnaient tous leurs soins ?

M. Chabert était dans le fait moins ignare que M. Dupuy. Je trouvai chez lui Euler et ses problèmes sur le nombre d'œufs qu'une paysanne apportait au marché lorsqu'un méchant lui en vole un cinquième, puis elle laisse toute la moitié du reste, etc., etc.

Cela m'ouvrit l'esprit, j'entrevis ce que c'était que se servir de l'instrument nommé algèbre. Du diable si personne me l'avait jamais dit, sans cesse M. Dupuy faisait des phrases emphatiques sur ce sujet, mais jamais ce mot simple : c'est une *division du travail* qui produit des prodiges comme toutes les divisions du travail et permet à l'esprit de réunir toutes ses forces sur un seul côté des objets, sur une seule de leurs qualités.

Quelle différence pour nous si M. Dupuy nous eût dit : Ce fromage est mou, ou il est dur ; il est blanc, il est bleu ; il est vieux, il est jeune ; il est à moi, il est à toi ; il est léger, ou il est lourd. De tant de qualités ne considérons absolument que le poids. Quel que soit ce poids, appelons-le A. Maintenant, sans plus penser absolument au fromage, appliquons à A tout ce que nous savons des quantités.

Cette chose si simple, personne ne nous la disait dans cette province reculée ;

depuis cette époque, l'Ecole polytechnique et les idées de Lagrange auront reflété vers la province.

Le chef-d'œuvre de l'éducation de ce temps-là était un petit coquin vêtu de vert, doux, hypocrite, gentil, qui n'avait pas trois pieds de haut et apprenait par cœur les *propositions* que l'on démontrait mais sans s'inquiéter s'il les comprenait le moins du monde. Ce favori de M. Chabert non moins que de M. Dupuy s'appelait, si je ne me trompe, Paul-Émile Teisseire. L'examinateur pour l'Ecole polytechnique, cet imbécile de Louis Monge, frère du grand géomètre, qui a écrit cette fameuse sottise (au commencement de la *Statique*), ne s'aperçut pas que tout le mérite de Paul-Émile était une mémoire étonnante.

Il arriva à l'Ecole ; son hypocrisie complète, sa mémoire et sa jolie figure de fille n'y eurent pas le même succès qu'à Grenoble, il en sortit bien officier, mais bientôt fut touché de la grâce et se fit prêtre. Malheureusement, il mourut de la poitrine ; j'aurais suivi de l'œil sa fortune avec plaisir. J'avais quitté Grenoble avec une envie démesurée de pouvoir un jour, à mon aise, lui donner une énorme volée de calottes.

Il me semble que je lui avais déjà donné un à-compte chez M. Chabert, où il me primait avec raison par sa mémoire imperturbable.

Pour lui, il ne se fâchait jamais de rien, et passait avec un sang-froid parfait sous les volées de : *petit hypocrite*, qui lui arrivaient de toutes parts, et qui redoublèrent un jour que nous le vîmes couronné de roses et faisant le rôle d'ange dans une procession.

C'est à peu près le seul caractère que j'aie remarqué à l'Ecole centrale. Il faisait un beau contraste avec le sombre Benoît, que je rencontrai au cours de belles-lettres de M. Dubois-Fontanelle et qui faisait consister la sublime science dans l'amour socratique, que le docteur Clapier, le fou, lui avait enseigné.

Il y a peut-être dix ans que je n'ai pensé à M. Chabert ; peu à peu je me rappelle qu'il était effectivement beaucoup moins borné que M. Dupuy, quoiqu'il eût un parler plus traînard encore et une apparence bien plus piètre et bourgeoise.

Il estimait Clairaut et c'était une chose immense que de nous mettre en contact avec cet homme de génie, et nous sortions un peu du plat Bezout. Il avait Bruce, l'abbé Marie, et de temps à autre nous faisait étudier un théorème dans ces auteurs. Il avait même en manuscrit quelques petites choses de Lagrange, de ces choses bonnes pour notre petite portée.

Il me semble que nous travaillions avec une plume sur un cahier de papier et à un tableau de toile cirée.

Ma disgrâce s'étendait à tout, peut-être venait-elle de quelque gaucherie de mes

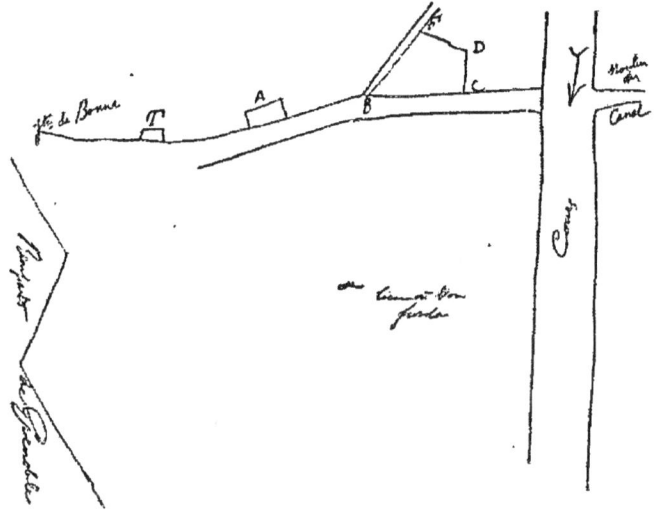

T. Maison de ce fou de Camille Teisseire, jacobin qui en 1811 veut brûler Rousseau et Voltaire. — A. Hôtel de la bonne femme, elle est représentée sans tête, cela me frappait beaucoup.

parents, qui avaient oublié d'envoyer un dindon à Noël à M. Chabert ou à ses sœurs, car il en avait et de fort jolies, et sans ma timidité je leur eusse bien fait la cour. Elles avaient beaucoup de considération pour le petit-fils de M. Gagnon, et d'ailleurs venaient à la messe à la maison le dimanche.

Nous allions lever des plans au graphomètre et à la planchette ; un jour nous levâmes un champ à côté du chemin des Boiteuses. Il s'agit du champ B C D E. M. Chabert fit tirer les lignes à tous les autres sur la planchette, enfin mon tour vint, mais le dernier ou l'avant-dernier, avant un enfant. J'étais humilié et fâché ; j'appuyai trop la plume.

« Mais c'était une ligne que je vous avais dit de tirer, dit M. Chabert avec son accent traînard, et c'est une barre que vous avez faite là. »

Il avait raison. Je pense que cet état de défaveur marquée chez MM. Dupuy et Chabert, et d'indifférence marquée chez M Jay à l'école de dessin m'empêcha d'être un sot. J'y avais de merveilleuses dispositions, mes parents, dont la morosité bigote déclamait sans cesse contre l'éducation publique, s'étaient convaincus sans beaucoup de peine qu'avec cinq ans de soins, hélas ! trop assidus, ils avaient produit un chef-d'œuvre, et ce chef-d'œuvre c'était moi.

Un jour, je me disais, mais, à la vérité,

c'était avant l'Ecole centrale : Ne serais-je point le fils d'un grand prince, et tout ce que j'entends dire de la Révolution, et le peu que j'en vois, une fable destinée à faire mon éducation, comme dans *Emile* ?

Car mon grand-père, homme d'aimable conversation, en dépit de ses résolutions pieuses, avait nommé *Emile* devant moi, parlé de la *Profession de foi du vicaire savoyard*, etc., etc. J'avais volé ce livre à Claix, mais je n'y avais rien compris, pas même les absurdités de la première page, et après un quart d'heure l'avais laissé. Il faut rendre justice au goût de mon père, il était enthousiaste de Rousseau et il en parlait quelquefois, pour laquelle chose et pour son imprudence devant un enfant il était bien grondé de ma tante Séraphie.

CHAPITRE 27

J'AVAIS, et j'ai encore, les goûts les plus aristocrates ; je ferais tout pour le bonheur du peuple, mais j'aimerais mieux, je crois, passer quinze jours de chaque mois en prison que de vivre avec les habitants des boutiques.

Vers ce temps-là, je me liai, je ne sais comment, avec François Bigillion [1] (qui depuis s'est tué, je crois, par ennui de sa femme).

C'était un homme simple, naturel, de bonne foi, qui ne cherchait jamais à faire entendre par une réponse ambitieuse qu'il connaissait le monde, les femmes, etc. c'était là notre grande ambition et notre principale fatuité au collège. Chacun de ces marmots voulait persuader à l'autre qu'il avait eu des femmes et connaissait le monde ; rien de pareil chez le bon Bigillion. Nous faisions de longues promenades ensemble, surtout vers la tour

---

1. C'est par l'intermédiaire de Romain Colomb, qui s'était lié avec les deux frères, pour les avoir rencontrés dans la maison Faure, lors de leur arrivée à Grenoble. *Note de Colomb.*

de Rabot et la Bastille. La vue magnifique dont on jouit de là, surtout vers Eybens, derrière lequel s'élèvent les plus hautes Alpes, élevait notre âme. Rabot et la Bastille sont le premier une vieille tour, la seconde une maisonnette, situées à deux hauteurs bien différentes, sur la montagne qui enferme l'enceinte de la ville, fort ridicule en 1795, mais que l'on rend bonne en 1836[1].

Dans ces promenades nous nous faisions part, avec toute franchise, de ce qui nous semblait de cette forêt terrible, sombre et délicieuse, dans laquelle nous étions sur le point d'entrer. On voit qu'il s'agit de la société et du monde.

Bigillion avait de grands avantages sur moi :

1º Il avait vécu libre depuis son enfance, fils d'un père qui ne l'aimait point trop, et savait s'amuser autrement qu'en faisant de son fils sa poupée.

2º Ce père, bourgeois de campagne fort aisé, habitait Saint-Ismier, village situé à une porte de Grenoble, vers l'Est, dans une position fort agréable dans la vallée de l'Isère. Ce bon campagnard, amateur du vin, de la bonne chère et des

1. 10 janvier 1836. Le métier m'a occupé depuis huit jours. Froid du diable, 6º le lundi.

Fanchons paysannes, avait loué un petit appartement à Grenoble pour ses deux fils qui y faisaient leur éducation. L'aîné se nommait Bigillion, suivant l'usage de notre province, le cadet Rémy, humoriste, homme singulier, vrai Dauphinois, mais généreux, un peu jaloux, même alors, de l'amitié que Bigillion et moi avions l'un pour l'autre.

Fondée sur la plus parfaite bonne foi, cette amitié fut intime au bout de quinze jours. Il avait pour oncle un moine savant et ce me semble très peu moine, le bon père Morlon, bénédictin peut-être qui, dans mon enfance, avait bien voulu, par amitié pour mon grand-père, me confesser une ou deux fois. J'avais été bien surpris de son ton de douceur et de politesse, bien différent de l'âpre pédantisme des cuistres morfondus, auxquels mon père me livrait le plus souvent, tel que M. l'abbé Rambault.

Ce bon Père Morlon a eu une grande influence sur mon esprit ; il avait Shakespeare traduit par Letourneur, et son neveu Bigillion emprunta pour moi, successivement, tous les volumes de cet ouvrage considérable pour un enfant, dix-huit ou vingt volumes.

Je crus renaître en le lisant. D'abord, il avait l'immense avantage de n'avoir pas été loué et prêché par mes parents comme Racine. Il suffisait qu'ils louassent une chose *de plaisir* pour me la faire prendre en horreur.

Pour que rien ne manquât au très sûr pouvoir de Shakespeare sur mon cœur, je crois même que mon père m'en dit du mal.

Je me méfiais de ma famille sur toutes choses ; mais en fait de beaux-arts ses louanges suffisaient pour me donner un dégoût mortel pour les plus belles choses. Mon cœur bien plus avancé que mon esprit, sentait vivement qu'elle les louait comme les *Kings* louent aujourd'hui la religion, c'est-à-dire *avec une seconde foi*. Je sentais bien confusément mais bien vivement et avec un feu que je n'ai plus, que tout beau moral, c'est-à-dire d'intérêt dans l'artiste, tue tout ouvrage d'art.

J'ai lu continuellement Shakespeare de 1796 à 1799. Racine, sans cesse loué par mes parents, me faisait l'effet d'un plat hypocrite. Mon grand-père m'avait conté l'anecdote de sa mort pour n'avoir plus été regardé par Louis XIV. D'ailleurs, les vers m'ennuyaient comme allongeant la phrase et lui faisant perdre de sa netteté. J'abhorrais *coursier* au lieu de cheval. J'appelais cela de l'hypocrisie.

Comment, vivant solitaire dans le sein d'une famille parlant fort bien, aurais-je

pu sentir le langage plus ou moins noble ?
Où aurais-je pris le langage non élégant ?

Corneille me déplaisait moins. Les auteurs qui me plaisaient alors à la folie furent Cervantès, Don Quichotte, et l'Arioste (tous les trois traduits) dans des traductions. Immédiatement après venait Rousseau, qui avait le double défaut (*drawback*) de louer les prêtres et la religion et d'être loué par mon père. Je lisais avec délices les *Contes* de la Fontaine et *Félicia*. Mais ce n'étaient pas des *plaisirs littéraires*. Ce sont de ces livres qu'on ne lit que d'une main, comme disait Mme ***.

Quand, en 1824, au moment de tomber amoureux de Clémentine, je m'efforçais de ne pas laisser absorber mon âme par la contemplation de ses grâces (je me souviens d'un grand combat, un soir, au concert de M. du Bignon, où j'étais à côté du célèbre général Foy, Clémentine, ultra, n'allait pas dans cette maison), quand, dis-je, j'écrivis *Racine et Shakespeare*, on m'accusa de jouer la comédie et de renier mes premières sensations d'enfance, on voit combien était vrai, ce que je me gardai de dire (comme incroyable), que mon premier amour avait été pour Shakespeare, et entre autres pour *Hamlet* et *Roméo et Juliette*.

Les Bigillion habitaient rue Chenoise (je ne suis pas sûr du nom), cette rue qui débouchait entre la voûte de Notre-Dame et une petite rivière sur laquelle était bâti le couvent des Augustins. Là était un fameux bouquiniste que je visitais souvent. Au delà était l'Oratoire où mon père avait été en prison [1] quelques jours avec M. Colomb [2], père de Romain Colomb, le plus ancien de mes amis (en 1836). Voici cette rue dont le nom est à peu près effacé, mais non l'aspect.

Dans cet appartement, situé au troisième étage, en B, vivait avec les Bigillion leur sœur, Mlle Victorine Bigillion, fort simple, fort jolie, mais nullement d'une beauté grecque, au contraire c'était une figure profondément allobroge [3]. Il me semble qu'on appelle cela aujourd'hui la race Gaël. (Voir le Dr Edwards et M. Antoine de Jussieu ; c'est du moins ce dernier qui m'a fait croire à cette classification).

Mlle Victorine avait de l'esprit et réflé-

1. Erreur ; son père a pu se cacher, mais n'a jamais été en prison, surtout à l'Oratoire, où il n'y avait que des femmes et trois enfants : les deux Monval et moi. Le guichetier, dur et renfrogné, s'appelait Pilon. *Note de Colomb.*
2. M. Colomb père a fait toute sa prison à la Conciergerie, place Saint-André ; j'ai couché quelquefois avec lui, dans cette prison. *Note de Colomb.*
3. Elle était plutôt laide que jolie, mais piquante et bonne fille ; Victorine jouait avec nous, sans se douter que nous appartenions à des sexes différents. *Note de Colomb.*

chissait beaucoup ; elle était la fraîcheur même. Sa figure était parfaitement d'accord avec les fenêtres à croisillons de l'appartement qu'elle occupait avec ses deux

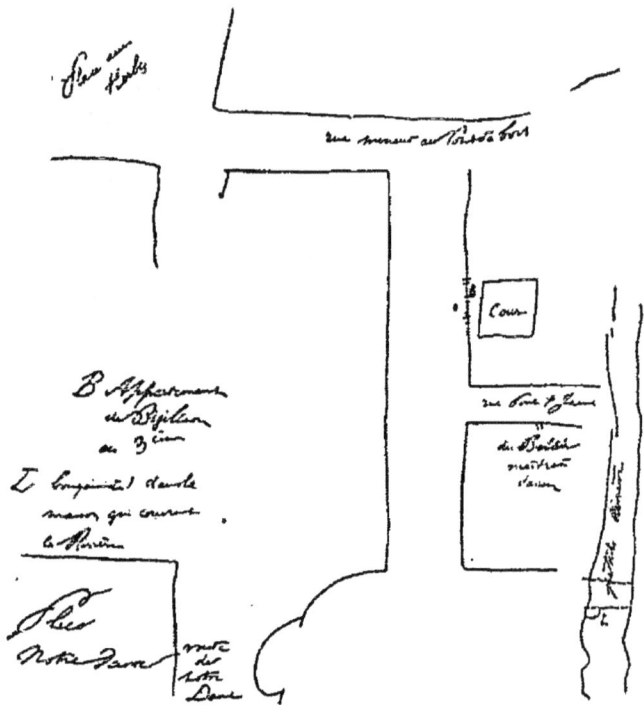

frères, sombre quoique au midi et au troisième étage ; mais la maison vis-à-vis était énorme. Cet accord parfait me frappait, ou plutôt j'en sentais l'effet, mais je n'y comprenais rien.

Là, souvent j'assistais au souper des deux frères et de la sœur. Une servante de leur pays, simple comme eux, le leur préparait, ils mangeaient du pain bis, ce qui me semblait incompréhensible, à moi qui n'avais jamais mangé que du pain blanc.

Là était tout mon avantage à leur égard ; à leurs yeux, j'étais d'une classe supérieure : le fils de M. Gagnon, membre du jury de l'École Centrale, était *noble* et eux, bourgeois tendant au paysan. Ce n'est pas qu'il y eut chez eux regret ni sotte admiration ; par exemple, ils aimaient mieux le pain bis que le pain blanc, et il ne dépendait que d'eux de faire bluter leur farine pour avoir du pain blanc [1].

Nous vivions là en toute innocence, autour de cette table de noyer couverte d'une nappe de toile écrue, Bigillion, le frère aîné, 14 ou 15 ans, Rémy 12, Mlle Victorine 13, moi 13, la servante 17.

Nous formions une société bien jeune,

---

[1]. J'ai laissé à Grenoble une vue du pont de Bois, achetée par moi à la veuve de M. Le Roy. Elle est à l'huile et *sbiadita*, doucereuse, à la Dorat, à la Florian, mais enfin c'est ressemblant *quant aux lignes*, les couleurs seules sont *adoucies* et *florianisées*.

comme on voit, et aucun grand parent pour nous gêner. Quand M. Bigillion, le père, venait à la ville pour un jour ou deux, nous n'osions pas désirer son absence, mais il nous gênait.

Peut-être bien avions-nous tous un an de plus, mais c'est tout au plus, mes deux dernières années 1799 et 1798 furent entièrement absorbées par les mathématiques et Paris au bout ; c'était donc 1797 ou plutôt 1796, or en 1796 j'avais treize ans.

Nous vivions alors comme de jeunes lapins jouant dans un bois tout en broutant le serpolet. Mlle Victorine était la ménagère ; elle avait des grappes de raisin séché dans une feuille de vigne serrée par un fil, qu'elle me donnait et que j'aimais presque autant que sa charmante figure. Quelquefois, je lui demandais une seconde grappe, et souvent elle me refusait disant : « Nous n'en avons plus que huit, et il faut finir la semaine. »

Chaque semaine, une ou deux fois, les provisions venaient de Saint-Ismier. C'est l'usage à Grenoble. La passion de chaque bourgeois est son *domaine*, et il préfère une salade qui vient de son domaine à Montbonnot, Saint-Ismier, Corenc, Voreppe, Saint-Vincent ou Claix, Échirolles, Eybens, Domène, etc., et qui lui revient à quatre sous, à la même salade achetée deux sous à la place aux Herbes. Ce bourgeois avait 10.000 francs placés au 5 % chez les Périer (père et cousin de Casimir, ministre en 1832), il les place en un domaine qui lui rend le 2 ou le 2 ½, et il est ravi. Je pense qu'il est payé en vanité et par le plaisir de dire d'un air important : *Il faut que j'aille à Montbonnot* ou : *Je viens de Montbonnot.*

Je n'avais pas d'amour pour Victorine, mon cœur était encore tout meurtri du départ de Mlle Cubly et mon amitié pour Bigillion était si intime qu'il me semble que, d'une façon abrégée, de peur du rire, j'avais osé lui confier ma folie.

Il ne s'en était point effarouché, c'était l'être le meilleur et le plus simple, qualités précieuses qui allaient réunies avec le bon sens le plus fin, bon sens caractéristique de cette famille et qui était fortifié chez lui par la conversation de Rémy, son frère et son ami intime, peu sensible, mais d'un bon sens bien autrement inexorable. Rémy passait souvent des après-midi entières sans desserrer les dents.

Dans ce troisième étage passèrent les moments les plus heureux de ma vie. Peu après, les Bigillion quittèrent cette maison pour aller habiter à la Montée du

Pont-de-Bois ; ou plutôt c'est tout le contraire, du Pont-de-Bois ils vinrent dans la rue Chenoise, ce me semble, certainement celle à laquelle aboutit la rue du Pont-Saint-Jaime. Je suis sûr de ces trois fenêtres à croisillons, en B, et de leur position à l'égard de la rue du Pont-Saint-Jaime. Plus que jamais je fais des découvertes en écrivant ceci (à Rome, en janvier 1836). J'ai oublié aux trois-quarts toutes ces choses, auxquelles je n'ai pas pensé six fois par an depuis vingt ans.

J'étais fort timide envers Victorine, dont j'admirais la gorge naissante, mais je lui faisais confidence de tout, par exemple les persécutions de Séraphie, dont j'échappais à peine, et je me souviens qu'elle refusait de me croire, ce qui me faisait une peine mortelle. Elle me faisait entendre que j'avais un mauvais caractère.

CHAPITRE 28

Le sévère Rémy aurait vu de fort mauvais œil que je fisse la cour à sa sœur, Bigillion me le fit entendre et ce fut le seul point sur lequel il n'y eut pas franchise parfaite entre nous. Souvent, vers la tombée de la nuit après la promenade comme je faisais mine de monter chez Victorine, je recevais un adieu hâtif qui me contrariait fort. J'avais besoin d'amitié et de parler avec franchise, le cœur ulcéré par tant de méchancetés dont à tort ou à raison je croyais fermement avoir été l'objet.

J'avouerai pourtant que cette conversation toute simple, je préférais de beaucoup l'avoir avec Victorine qu'avec ses frères. Je vois aujourd'hui mon sentiment d'alors, il me semblait incroyable de voir de si près cet animal terrible, une femme, et encore avec des cheveux superbes, un bras divinement fait quoique un peu maigre, et enfin une gorge charmante souvent un peu découverte à cause de l'extrême chaleur. Il est vrai qu'assis contre la table de noyer, à deux pieds de Mlle Bigillion, l'angle de la table entre nous, je ne parlais aux frères que pour être bien sage. Mais pour cela je n'avais aucune envie d'être amoureux, j'étais *scottato* (brûlé, échaudé), comme on dit en italien, je venais d'éprouver que l'amour était une chose sérieuse et terrible. Je ne me disais pas, mais je sentais fort bien qu'au total, mon amour pour Mlle Cubly m'avait probablement causé plus de peines que de plaisirs.

Pendant ce sentiment pour Victorine, tellement innocent en paroles et même en idées, j'oubliais de haïr et surtout de croire qu'on me haïssait.

Il me semble qu'après un certain temps la jalousie fraternelle de Rémy se calma ; ou bien il alla passer quelques mois à Saint-Ismier. Il vit peut-être que réellement je n'aimais pas, ou eut quelque affaire à lui, nous étions tous des politiques de treize ou quatorze ans. Mais dès cet âge on est très fin en Dauphiné, nous n'avons ni l'insouciance ni le... du gamin de Paris, et de bonne heure les passions s'emparent de nous. Passions pour des bagatelles, mais enfin le fait est que nous désirons passionnément.

Enfin, j'allais bien cinq fois la semaine, à partir de la tombée de la nuit ou *sing* (cloche de neuf heures, sonnée à Saint-André), passer la soirée chez Mlle Bigillion.

Sans parler nullement de l'amitié qui régnait entre nous, j'eus l'imprudence de nommer cette famille un jour en soupant avec mes parents, je fus sévèrement puni de ma légèreté. Je vis mépriser, avec la pantomime la plus expressive, la famille et le père de Victorine.

« N'y a-t-il pas une fille ? ce sera quelque demoiselle de campagne ? »

Je ne me rappelle que faiblement les termes d'affreux mépris et la mine de froid dédain qui les accompagnait. Je n'ai mémoire que pour l'impression brûlante que fit sur moi ce mépris.

Ce devait être absolument l'air de mépris froid et moqueur que M. le baron des Adrets employait sans doute en parlant de ma mère ou de ma tante.

Ma famille, malgré l'état de médecin et d'avocat, se croyait être sur le bord de la noblesse, les prétentions de mon père n'allaient même à rien moins que celles de gentilhomme déchu. Tout le mépris qu'on exprima, ce soir-là, pendant tout le souper, était fondé sur l'état de bourgeois de campagne de M. Bigillion, père de mes amis, et sur ce que son frère cadet, homme très fin, était directeur de la prison départementale place Saint-André, une sorte de geôlier bourgeois.

Cette famille avait reçu Saint Bruno à la grande Chartreuse en... Rien n'était mieux prouvé, cela était bien autrement respectable que la famille Beyle, juge du village de Sassenage sous les seigneurs du moyen-âge. Mais le bon Bigillion père, homme de plaisir, fort aisé dans son village, ne dînait point chez M. de Marcieu ou chez Mme de Sassenage et saluait le premier mon grand-père du plus loin qu'il l'apercevait et, de plus, parlait de M. Gagnon avec la plus haute considération.

Cette sortie de hauteur amusait une famille qui par habitude mourait d'ennui, et dans tout le souper, j'avais perdu l'appétit en entendant traiter ainsi mes amis ; on me demanda ce que j'avais. Je répondis que j'avais *goûté* fort tard. Le mensonge est la seule ressource de la faiblesse. Je mourais de colère contre moi-même : quoi ! j'avais été assez sot pour parler à mes parents de ce qui m'intéressait ?

Ce mépris me jeta dans un trouble profond, j'en vois le pourquoi en ce moment, c'était Victorine. Ce n'était donc pas avec cet animal terrible, si redouté, mais si exclusivement adoré, une femme comme il faut et jolie, que j'avais le bonheur de faire, chaque soir, la conversation presque intime ?

Au bout de quatre ou cinq jours de peine cruelle Victorine l'emporta, je la déclarai plus aimable et plus du monde que ma famille triste, *ratatinée*, (ce fut mon mot), sauvage, ne donnant jamais à souper, n'allant jamais dans un salon où il y eut dix personnes, tandis que Mlle Bigillion assistait souvent chez M. Faure, à Saint-Ismier, et chez les parents de feue sa mère, à Chapareillan, à des dîners de vingt-cinq personnes. Elle était même plus noble à cause de la réception de Saint Bruno en 1080[1].

Bien des années après, j'ai vu le mécanisme de ce qui se passa alors dans mon cœur et, faute d'un meilleur mot, je l'ai appelé *cristallisation* (mot qui a si fort choqué ce grand littérateur, ministre de l'Intérieur en 1833, M. le comte d'Argout, scène plaisante racontée par Clara Gazul).

Cette absolution du mépris dura bien cinq ou six jours, pendant lesquels je ne songeais à autre chose. Cette insulte si glorieusement mince mit *un fait nouveau* entre Mlle Cubly et mon état actuel. Sans que mon innocence s'en doutât, c'était un grand point : entre le chagrin et nous

---

1. Date ; Saint Bruno, mort en 1101, en Calabre.

il faut mettre des faits nouveaux, fut-ce de se casser le bras.

Je venais d'acheter un Bezout d'une bonne édition, et de le faire relier avec soin (peut-être il existe encore à Grenoble, chez M. Alexandre Mallein, directeur des Contributions) ; j'y traçai une couronne de feuillage, et au milieu un V majuscule. Tous les jours je regardais ce monument [1].

Après la mort de Séraphie j'aurais pu, par besoin d'aimer, me réconcilier avec ma famille, ce trait de hauteur mit l'infini entre eux et moi ; j'aurais pardonné l'imputation d'un crime à la famille Bigillion, mais le mépris ! Et mon grand-père était celui qui l'avait exprimé avec le plus de grâce, et par conséquent d'effet !

1. Mettre ceci ici, coupé trop net, le placer en son temps, à 1806 ou 10. A l'un de mes voyages (retours) à Grenoble, vers 1806, une personne bien informée me dit que Mlle Victorine était amoureuse. J'enviai fort la personne. Je supposais que c'était Félix Faure. Plus tard, une autre personne me dit : « Mlle Victorine, me parlant de la personne qu'elle a aimé si longtemps, m'a dit : Il n'est peut-être pas beau, mais jamais on ne lui reproche sa laideur... C'est l'homme qui a eu le plus d'esprit et d'amabilité parmi les jeunes gens de mon temps. En un mot, ajouta cette personne, c'est vous. » 10 janvier 1836.

Je me gardai bien de parler à mes parents d'autres amis que je fis à cette époque : MM. Gall, La Bayette...

Gall était fils d'une veuve qui l'aimait uniquement et le respectait, par probité, comme le maître de la fortune, le père devait être quelque vieil officier. Ce spectacle, si singulier pour moi, m'attachait et m'attendrissait. Ah ! si ma pauvre mère eût vécu, me disais-je. Si du moins j'avais eu des parents dans le genre de Madame Gall, comme je les eusse aimés ! Mme Gall me respectait beaucoup, comme le petit-fils de M. Gagnon, le bienfaiteur des pauvres, auxquels il donnait des soins gratuits, et même deux livres de bœuf pour faire du bouillon. Mon père était inconnu.

Gall était pâle, maigre, *crinche*, marqué de petite vérole, d'ailleurs d'un caractère très froid, très modéré, très prudent. Il sentait qu'il était maître absolu de la petite fortune et qu'il ne fallait pas la perdre. Il était simple, honnête, et nullement hâbleur ni menteur. Il me semble qu'il quitta Grenoble et l'Ecole centrale avant moi pour aller à Toulon et entrer dans la marine.

C'était aussi à la marine que se destinait l'aimable La Bayette, neveu ou parent de l'amiral (c'est-à-dire contre-amiral ou vice-amiral) Morard de Galles.

Il était aussi aimable et aussi noble que Gall était estimable. Je me souviens encore des charmantes après-midi que nous passions, devisant ensemble à la fenêtre de sa petite chambre. Elle était au troisième étage d'une maison donnant sur la nouvelle place du Département. Là, je partageais son *goûter* : des pommes et du pain bis. J'étais affamé de toute conversation sincère et sans hypocrisie. A ces deux mérites, communs à tous mes amis, La Bayette joignait une grande noblesse de sentiments et de manières [1] et une tendresse d'âme non susceptible de passion profonde comme Bigillion, mais plus élégante dans l'expression.

Il me semble qu'il me donna de bons conseils dans le temps de mon amour pour Mlle Cubly, dont j'osai lui parler, tant il était sincère et bon. Nous mettions ensemble toute notre petite expérience des femmes, ou plutôt toute notre petite science puisée dans les romans lus par nous. Nous devions être drôles à entendre.

---

1. Nous faisions dans sa chambre des pique-niques, à cinq ou six sous par tête, pour manger ensemble du *Mont-d'Or*, avec des griches, le tout arrosé d'un petit vin blanc qui nous semblait délicieux. La Bayette avait un charmant caractère : il était aimant et avait beaucoup d'expansion. *Note de Colomb.*

Bientôt après le départ de ma tante Séraphie, j'avais lu et adoré les *Mémoires secrets* de Duclos, que lisait mon grand-père.

Ce fut, ce me semble, à la salle de mathématiques que je fis la connaissance de Gall et de La Bayette, ce fut certainement là que je pris de l'amitié pour Louis de Barral (maintenant le plus ancien et le meilleur de mes amis, c'est l'être au monde qui m'aime le plus, il n'est aussi, ce me semble, aucun sacrifice que je ne fisse pour lui).

Il était alors fort petit, fort maigre, fort *crinche*, il passait pour porter à l'excès une mauvaise habitude que nous avions tous, et le fait est qu'il en avait la mine. Mais la sienne était singulièrement relevée par un superbe uniforme de lieutenant du génie, on appelait cela être adjoint du génie ; c'eût été un bon moyen d'attacher à la Révolution les familles riches, ou du moins de mitiger leur haine.

Anglès aussi, depuis comte Anglès et préfet de police, enrichi par les Bourbons, était adjoint du génie, ainsi qu'un être subalterne par essence orné de cheveux rouges et qui s'appelait Giroud, différent du Giroud à l'habit rouge avec lequel je me battais assez souvent. Je plaisantais ferme le Giroud garni d'une épaulette d'or et qui était beaucoup plus *grand* que moi, c'est-à-dire qui était un homme de dix-huit ans tandis que j'étais encore un bambin de treize ou quatorze. Cette différence de deux ou trois ans est immense au collège, c'est à peu près celle du noble au roturier en Piémont.

Ce qui fit ma conquête net dans Barral, la première fois que nous parlâmes ensemble (il avait alors, ce me semble, pour surveillant Pierre-Vincent Chalvet, professeur d'histoire et fort malade de la sœur aînée de la petite vérole), ce qui donc fit ma conquête dans Barral, ce fut : 1° la beauté de son habit, dont le bleu me parut enchanteur ; 2° sa façon de dire ces vers de Voltaire, dont je me souviens encore :

> Vous êtes, lui dit-il, l'existence et l'essence,
> Simple...

Sa mère, fort grande dame, *c'était une Grolée*, disait mon grand-père avec respect, fut la dernière de son ordre à en porter le costume ; je la vois encore près de la statue d'Hercule au Jardin avec une robe à ramages, c'est-à-dire de satin blanc ornée de fleurs, ladite robe retroussée dans les poches comme ma grand'mère (Jeanne Dupéron, veuve Beyle), avec un énorme chignon poudré et peut-être un petit chien sur le bras. Les petits polissons la suivaient à distance avec admiration et quant à moi, j'étais mené, ou porté, par le fidèle Lambert ; je pouvais avoir trois ou quatre ans lors de cette vision. Cette grande dame avait les mœurs de la Chine, M. le marquis de Barral, son mari et Président, ou même Premier Président au Parlement, ne voulut point émigrer. Ce pourquoi il était honni de ma famille comme s'il eût reçu vingt soufflets.

Le sage M. Destutt de Tracy eut la même idée à Paris et fut obligé de prendre des plans, comme M. de Barral, qui, avant la Révolution, s'appelait M. de Monferrat, c'est-à-dire M. le marquis de Monferrat (prononcez : Monferâ, *a* très long) ; M. de Tracy fut réduit à vivre avec les appointements de la place de commis de l'Instruction publique, je crois ; M. de Barral avait conservé 20 ou 25.000 francs de rente, dont en 1793 il donnait la moitié ou les deux tiers non à la patrie, mais à la peur de la guillotine. Peut-être avait-il été retenu en France par son amour pour Mme Brémond, que depuis il épousa. J'ai rencontré M. Brémond fils à l'armée, où il était chef de bataillon, je crois, puis sous-inspecteur des Revues, et toujours homme de plaisir.

Je ne dis pas que son beau-père, M. le Premier Président de Barral (car Napoléon le fit Premier Président en créant les Cours royales [1]) fût un génie, mais à mes yeux il était tellement le contraire de mon père et avait tant d'horreur de la pédanterie et de froisser l'amour-propre de son fils qu'en sortant de la maison pour aller à la promenade dans les *délaissés du Drac*,
si le père disait :   Bonjour,
le fils répondait ....   Toujours,
le père.........................   Oie,
le fils ....   Lamproie,
et la promenade se passait ainsi à dire des rimes, et à tâcher de s'embarrasser.

Ce père apprenait à son fils les *Satires* de Voltaire (la seule chose parfaite, selon moi, qu'ait faite ce grand réformateur).

Ce fut alors que j'entrevis le vrai *bon ton*, et il fit sur-le-champ ma conquête.

Je comparais sans cesse ce père faisant des rimes et plein d'attentions délicates pour l'amour-propre de ses enfants avec le noir pédantisme du mien. J'avais le respect le plus profond pour la science de M. Gagnon, je l'aimais sincèrement, je n'allais pas jusqu'à me dire :

« Ne pourrait-on pas réunir la science sans bornes de mon grand-père et l'ama-

---

1. Lisez : impériales. N. D. L. E.

bilité si gaie et si gentille de M. de Barral ? »

Mais mon cœur, pour ainsi dire, *pressentait* cette idée, qui devait par la suite devenir fondamentale pour moi.

J'avais déjà vu le bon ton, mais à demi défiguré, masqué par la dévotion dans les soirées pieuses où Mme de Vaulserre réunissait, au rez-de-chaussée de l'hôtel des Adrets, M. du Bouchage (pair de France, ruiné), M. de Saint-Vallier (le grand Saint-Vallier), Scipion, son frère, M. de Pina (ex-maire de Grenoble, jésuite profond, 80.000 francs de rente et dix-sept enfants), MM. de Sinard, de Saint-Ferréol, moi, Mlle Bonne de Saint-Vallier dont les beaux bras (blancs et charnus, à la Vénitienne) me touchaient si fort.

Le curé Chélan, M. Barthélemy d'Orbane étaient aussi des modèles. Le Père Ducros avait le ton du génie. (Le mot *génie* était alors, pour moi, comme le mot *Dieu* pour les bigots.)

CHAPITRE 29

Je ne voyais pas M. de Barral aussi en beau alors, il était la bête noire de mes parents pour avoir émigré.

La nécessité me rendant hypocrite (défaut dont je me suis trop corrigé et dont l'absence m'a tant nui, à Rome, par exemple), je citais à ma famille les noms de MM. de la Bayette et de Barral, mes nouveaux amis.

« La Bayette ! bonne famille, dit mon grand-père ; son grand-père était capitaine de vaisseau, son oncle, M. de..., Président au Parlement. Pour Montferrat, c'est un plat. »

Il faut avouer qu'un matin, à deux heures du matin, des municipaux, et M. de Barral avec eux, étaient venus pour arrêter M. d'Anthon, ancien conseiller au Parlement, qui habitait le premier étage, et dont l'occupation constante était de se promener dans sa grande salle en se rongeant les ongles. Le pauvre diable perdait la vue et de plus était notoirement suspect, comme mon père. Il était dévot jusqu'au fanatisme, mais à cela près point méchant. On trouvait indigne dans M. de Barral d'être venu arrêter un des conseillers jadis ses camarades quand il était Président au Parlement.

Il faut convenir que c'était un plaisant animal qu'un bourgeois de France vers 1794, quand j'ai pu commencer à le comprendre, se plaignant amèrement de la hauteur des nobles et entre eux n'estimant un homme absolument qu'à cause de sa naissance. La vertu, la bonté, la générosité n'y faisaient rien, même, plus un homme était distingué, plus fortement ils lui reprochaient le manque de naissance, et quelle naissance !

Vers 1803, quand mon oncle Romain Gagnon vint à Paris et logea chez moi, rue de Nemours, je ne le présentai pas chez Mme de Neuilly ; il y avait une raison pour cela : cette dame n'existait pas. Choquée de cette absence de présentation, ma bonne tante Élisabeth dit :

« Il faut qu'il y ait quelque chose d'extraordinaire, autrement Henri aurait mené son oncle chez cette dame ; on est bien aise de montrer *qu'on n'est pas né sous un chou.* »

C'est moi, s'il vous plaît, qui ne suis pas né sous un chou.

Et quand notre cousin Clet, horriblement laid, figure d'apothicaire et, de plus, apothicaire effectif, pharmacien militaire, fut sur le point de se marier en Italie, ma tante Élisabeth répondait au reproche de tournure abominable :

« Il faut convenir que c'est un vrai *Margageat*, disait quelqu'un.

— À la bonne heure, mais il y a la naissance ! Cousin du premier médecin de Grenoble, n'est-ce rien ? »

Le caractère de cette noble fille était un exemple bien frappant de la maxime : *Noblesse oblige*. Je ne connais rien de généreux, de noble, de difficile qui fût au-dessus d'elle et de son désintéressement. C'est à elle en partie que je dois de bien parler ; s'il m'échappait un mot bas, elle disait : « Ah ! Henri ! » Et sa figure exprimait un froid dédain dont le souvenir me *hantait* (me poursuivait longtemps).

J'ai connu des familles où l'on parlait aussi bien mais pas une où l'on parlât mieux que dans la mienne. Ce n'est point à dire qu'on n'y fît pas communément les huit ou dix fautes dauphinoises.

Mais, si je me servais d'un mot peu précis ou prétentieux, à l'instant une plaisanterie m'arrivait et avec d'autant plus de bonheur, de la part de mon grand-père, que c'étaient à peu près les seules que la piété morose de ma tante Séraphie permît au pauvre homme. Il fallait, pour éviter le regard railleur de cet homme d'esprit, employer la tournure la plus simple et le mot propre, et toutefois il ne fallait pas s'aviser de se servir d'un mot bas.

J'ai vu les enfants, dans les familles riches de Paris, employer toujours la tournure la plus ambitieuse pour arriver au style noble, et les parents applaudir à cet essai d'emphase. Les jeunes Parisiens diraient volontiers *coursier* au lieu de *cheval*, de là leur admiration pour MM. de Salvandy, Chateaubriand, etc.

Il y avait d'ailleurs, en ce temps-là, une profondeur et une vérité de sentiment dans le jeune Dauphinois de quatorze ans que je n'ai jamais aperçues chez le jeune Parisien. En revanche, nous disions : J'étais au *Cour-se*, où M. *Passe-kin* (Pasquin) m'a lu une pièce de ver-*se*, sur le voyage d'Anver-*se* à Calai-*ce*.

Ce n'est qu'en arrivant à Paris en 1799, que je me suis douté qu'il y avait une autre prononciation. Dans la suite, j'ai pris des leçons du célèbre La Rive et de Dugazon pour chasser les derniers restes du parler *traînard* de mon pays. Il ne me reste plus que deux ou trois mots (côte, *kote*, au lieu de *kaute*, petite élévation ; le bon abbé Gattel a donc eu toute raison de noter la prononciation dans son bon dictionnaire, chose blâmée dernièrement par un nigaud *d'homme de lettres* de Paris), et l'accent ferme et passionné du Midi qui, décelant la *force du sentiment*, la vigueur avec laquelle on aime ou on hait, est, sur-le-champ, singulier et partant *voisin du ridicule*, à Paris.

C'est donc en disant chose au lieu de chause, cote au lieu de caute, Calai-ce au lieu de Kalai (Calais), que je faisais

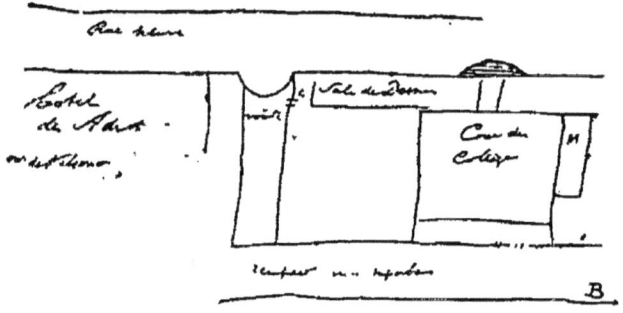

C. Appartement de M. Chalvet sous la voûte. — M. Salle de mathématiques de M. Dupuis.

la conversation avec mes amis Bigillion, La Bayette, Gall, Barral.

Ce dernier venait, ce me semble, de La Tronche chaque matin passer la journée chez Pierre-Vincent Chalvet, professeur d'histoire, logé au collège sous la voûte ;

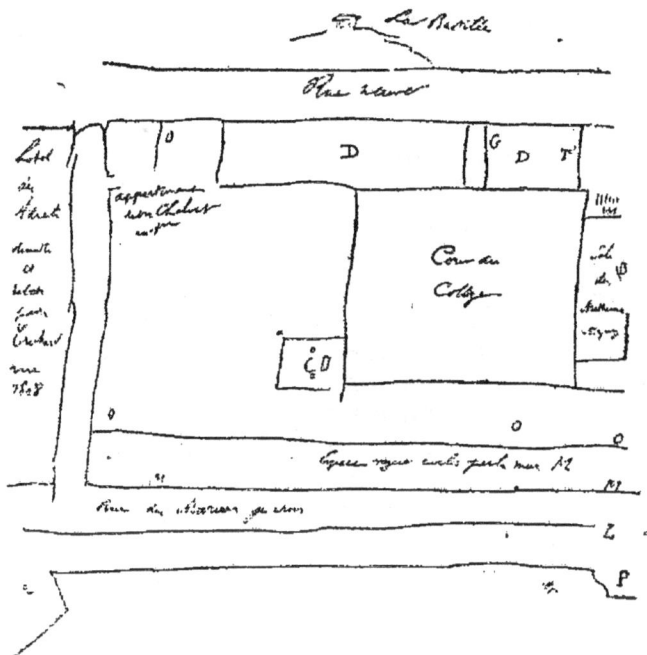

OOO. Bâtiments du collège (bâti par les jésuites). — P. Commencement de la promenade de vieux tilleuls écourtés (*maimed*) par la taille. — L. Jardin en contrebas de M. Plainville, commandant ou adjudant de la place, père de Plainville, l'ami de Barral. — C. Salle de la chimie avec ses deux colonnes et sa table. — D'. Salle de dessin.— D. Salle de la bosse avec un théâtre en T. — G. Table où l'on étalait des morceaux de cadavre en présence des demoiselles Genèvre.

vers B, il y avait une assez jolie allée de

tilleuls, allée fort étroite, mais les tilleuls étaient vieux et touffus, quoique taillés, la vue était délicieuse ; là je me promenais avec Barral, qui venait du point C, très voisin, M. Chalvet, occupé de ses catins, de sa v... et des livres qu'il fabriquait, et de plus le plus insouciant des hommes, le laissait volontiers s'échapper.

Je crois que c'est en nous promenant au point P que nous rencontrâmes Michoud, figure de bœuf mais homme excellent (qui n'a eu que le tort de mourir ministériel pourri, et conseiller à la Cour royale, vers 1827). Je croirais assez que cet excellent homme croyait que la probité n'est d'obligation qu'entre particuliers et qu'il est toujours permis de trahir ses devoirs de citoyen pour arracher quelque argent au Gouvernement. Je fais une énorme différence entre lui et son camarade Félix Faure ; celui-ci est né avec l'âme basse, aussi est-il pair de France et Premier Président de la Cour royale de Grenoble.

Mais quels qu'aient été les motifs du pauvre Michoud pour vendre la patrie aux désirs du Procureur général, vers 1795, c'était le meilleur, le plus naturel, le plus fin, mais le plus simple de cœur des camarades.

Je crois qu'il avait appris à lire avec

Barral chez Mlle Chavand, ils parlaient souvent de leurs aventures dans cette petite classe. (Déjà les rivalités, les amitiés, les haines du monde!) Comme je les enviais! Je crois même que je mentis une fois ou deux en laissant entendre à d'autres de mes compagnons que moi aussi j'avais appris à lire chez Mlle Chavand.

Michoud m'a aimé jusqu'à sa mort, et il n'aimait pas un ingrat ; j'avais la plus haute estime pour son bon sens et sa bonté. Une autre fois, nous nous donnâmes des coups de poing, et comme il était deux fois plus gros que moi, il me rossa.

Je me reprochai mon incartade, non pas à cause des coups reçus, mais comme ayant méconnu son extrême bonté. J'étais malin et je disais des bons mots qui m'ont valu force coups de poing, et ce même caractère m'a valu, en Italie et en Allemagne, à l'armée, quelque chose de mieux, et, à Paris, des critiques acharnées dans la petite littérature.

Quand un mot me vient, je vois sa gentillesse et non sa méchanceté. Je suis toujours surpris de sa portée comme méchanceté, par exemple : C'est Ampère ou A. de Jussieu qui m'ont fait voir la portée du mot à ce faquin de vicomte de La Passe (Civita-Vecchia, septembre 1831 ou 1832) : « Oserais-je vous demander votre nom ? » que le La Passe ne pardonnera jamais.

Maintenant, par prudence, je ne dis plus ces mots, et, l'un de ces jours, Don Philippe Caetani me rendait cette justice que j'étais l'un des hommes les moins méchants qu'il eût jamais vus, quoique ma réputation fût homme d'infiniment d'esprit, mais bien méchant et encore plus immoral (immoral, parce que j'ai écrit sur les femmes dans *l'Amour* et parce que, malgré moi, je me moque des hypocrites, corps respectable à Paris, qui le croirait ? plus encore qu'à Rome).

Dernièrement, Mme Toldi, de *Valle*, dit, comme je sortais de chez elle, au prince Caetani :

« Mais c'est M. de Stendhal, cet homme de tant d'esprit, *si immoral.* »

Une actrice qui a un bâtard du prince Léopold de Syracuse de Naples ! Le bon Don Filippo me justifia fort sérieusement du reproche d'immoralité.

Même en racontant qu'un cabriolet jaune vient de passer dans la rue, j'ai le malheur d'offenser mortellement les hypocrites, et même les *niais*.

Mais au fond, cher lecteur, je ne sais pas ce que je suis : bon, méchant, spirituel, sot. Ce que je sais parfaitement, ce sont les choses qui me font peine ou plaisir, que je désire ou que je hais.

Un salon de provinciaux enrichis, et qui étalent du luxe, est ma bête noire, par exemple. Ensuite, vient un salon de marquis et de grands cordons de la Légion d'honneur, qui étalent de la morale.

Un salon de huit ou dix personnes dont toutes les femmes ont eu des amants, où la conversation est gaie, anecdotique, et où l'on prend du punch léger à minuit et demi, est l'endroit du monde où je me trouve le mieux ; là, dans mon centre, j'aime infiniment mieux entendre parler un autre que de parler moi-même. Volontiers je tombe dans le silence du *bonheur* et, si je parle, ce n'est que pour *payer mon billet d'entrée*, mot employé dans ce sens, que j'ai introduit dans la société de Paris ; il est comme *fioriture* (importé par moi) et que je rencontre sans cesse ; je rencontre plus rarement, il faut en convenir, *cristallisation*[1] (voir *l'Amour*). Mais je n'y tiens pas le moins du monde : si l'on trouve un meilleur mot, plus apparenté, dans la langue, pour la même idée, je serai le premier à y applaudir et à m'en servir.

---

1. Sorte de folie qui fait voir toutes les perfections et tout *tourner à perfection* dans l'objet qui fait effet sur la matrice. *Il est pauvre*, ah ! que je l'en aime mieux ! Il est riche, ah ! que je l'en aime mieux !

CHAPITRE 30

Je vois aujourd'hui qu'une qualité commune à tous mes amis était le naturel ou l'absence de l'hypocrisie. Mme Vignon et ma tante Séraphie m'avaient donné, pour cette première des conditions de succès dans la société actuelle, une horreur qui m'a bien nui et qui va jusqu'au dégoût physique. La société prolongée avec un hypocrite me donne un commencement de mal de mer (comme, il y a un mois, l'italien du chevalier Naytall oblige la comtesse Sandre à desserrer son corset).

Ce n'était pas par le *naturel* que brillait le pauvre Grand-Dufay, garçon d'infiniment d'esprit, aussi ne fut-il jamais que mon ami *littéraire*, c'est-à-dire rempli de jalousie chez lui, et chez moi de défiance, et tous deux nous estimant beaucoup.

Il remporta le premier prix de grammaire générale la même année ce me semble que je remportais le premier prix de belles-lettres. Mais quelle fut cette année ? Fut-ce 1796 ou 1795 ? J'aurais grand besoin des archives de la Préfecture ; nos noms étaient imprimés en pancarte in-folio et affichés. La sage loi de M. de Tracy environnait les examens de beaucoup de pompe. Ne s'agissait-il pas de l'espoir de la patrie ? C'était un enseignement pour le membre de l'administration départementale, produit moral du despotisme de Mme Du Barry, autant que pour l'élève.

Qu'y avait-il à faire, en 1796, de tous les hommes qui avaient plus de vingt ans ? Sauver la Patrie du mal qu'ils étaient disposés à lui faire et attendre tant bien que mal leur *death* ?

Cela est aussi vrai que triste à dire. Quel allègement pour le vaisseau de l'Etat, en 1836, si tout ce qui a plus de cinquante ans passait tout d'un coup *ad patres* ! Excepté, bien entendu, *le Roi, ma Femme et Moi*.

Dans une des nombreuses illuminations qui avaient lieu tous les mois, de 1789 à 1791, un bourgeois mit ce transparent :

VIVE

LE ROI

MA FEMME ET MOI[1]

---

1. Je me le rappelle très bien ; mais dans quelle rue ? *Note de Colomb.*

Grand-Dufay, l'aîné de quatre ou cinq frères, était un petit être maigre et peu fourni de chairs, avec une grosse tête, une figure fortement marquée de petite vérole et cependant fort rouge, des yeux brillants mais faux et ayant un peu la vivacité inquiétante du sanglier. Il était cauteleux et jamais imprudent dans ses propos, toujours occupé à louer mais avec les termes le plus mesurés possible. On aurait dit un membre de l'Institut. Du reste, de l'esprit le plus vif et saisissant admirablement les choses, mais dès cet âge si tendre dévoré d'ambition. Il était le fils aîné et l'enfant gâté (terme du pays) d'une mère du même caractère, et ce n'était pas sans raison : la famille était pauvre.

Quel admirable Plougoulm (c'est-à-dire avocat général vendu au pouvoir et sachant colorer les injustices les plus infâmes) Dufay n'eût-il pas fait ?

Mais il ne vécut pas et à sa mort à Paris vers 1803, j'aurai à m'accuser d'un des plus mauvais sentiments de ma vie, d'un de ceux qui m'ont fait le plus hésiter à continuer ces Mémoires. Je l'avais oublié depuis 1803 ou 1804, époque de cette mort. Il est singulier de combien de choses je me souviens depuis que j'écris ces Confessions. Elles m'arrivent tout-à-coup, et il me semble que je les juge avec impartialité. A chaque instant je vois le *mieux* que je n'ai pas fait. Mais qui diable aura la patience de les lire, ces choses ?

Mes amis, quand je sors dans la rue avec un habit neuf et bien fait, donneraient un écu pour qu'on me jetât un verre d'eau sale. La phrase est mal faite, mais la chose est vraie (j'excepte, bien entendu, l'excellent comte de Barral ; c'est le caractère de La Fontaine).

Où se trouvera le lecteur qui, après quatre ou cinq volumes de *je* et de *moi*, ne désirera pas qu'on me jette, non plus un verre d'eau sale, mais une bouteille d'encre ? Cependant, ô mon lecteur, tout le mal n'est que dans ces sept lettres : B, R, U, L, A, R, D, qui forment mon nom, et qui intéressent mon amour-propre. Supposez que j'eusse écrit Bernard, ce livre ne serait plus, comme le *Vicaire de Wakefield* (mon émule en innocence) qu'un roman écrit à la première personne.

Il faudra tout au moins que la personne à laquelle j'ai légué cette œuvre posthume en fasse abréger tous les détails par quelque rédacteur à la douzaine, le M. Amédée Pichot ou le M. Courchamps de ce temps-là. On a dit que l'on ne va jamais si loin en *opera d'inchiostro* que quand on ne sait où l'on va, s'il en était toujours ainsi, les présents Mémoires, qui peignent un *cœur d'homme*, comme disent MM. Victor Hugo, d'Arlincourt, Soulié, Raymond, etc., etc., devraient être une bien belle chose. Les *je* et les *moi* me bourrelaient hier soir (14 janvier 1836) pendant que j'écoutais le *Moïse* de Rossini. La bonne musique me fait songer avec plus d'intensité et de clarté à ce qui m'occupe. Mais il faut pour cela que le temps du *jugement* soit passé, il y a si longtemps que j'ai jugé le *Moïse* (en 1823) que j'ai oublié le prononcé du jugement, et je n'y pense plus ; je ne suis plus que l'*Esclave de l'Anneau*, comme disent les Nuits arabes.

Les souvenirs se multiplient sous ma plume. Voilà que je m'aperçois que j'ai oublié un de mes amis les plus intimes, Louis Crozet, maintenant ingénieur en chef, et très digne ingénieur en chef, à Grenoble, mais enseveli comme le *Baron enterré vis-à-vis de sa femme*[1] et par elle noyé dans l'égoïsme étroit d'une petite et jalouse bourgeoisie d'un bourg de la montagne de notre pays (La Mure, Corps ou le Bourg d'Oisans).

Louis Crozet était fait pour être à

---

1. Vers de l'*Homme du jour* :
    Ci-gît, sans avoir rendu l'âme,
  Le Baron enterré vis-à-vis de sa femme.

Paris un des hommes les plus brillants ; il eût battu dans un salon Koreff, Pariset, Lagarde, et moi après eux, s'il est permis de se nommer. Il eût été, la plume à la main, un esprit dans le genre de Duclos, l'auteur de l'*Essai sur les Mœurs* (mais ce livre sera peut-être mort en 1880), l'homme qui, au dire de d'Alembert, *avait le plus d'esprit dans un temps donné.*

C'est, je crois, *au latin* (comme nous disions) chez M. Durand, que je me liai avec Crozet, alors l'enfant le plus laid et le plus disgracieux de l'Ecole centrale ; il doit être né vers 1784.

Il avait une figure ronde et blafarde, fort marquée de petite vérole, et de petits yeux bleus fort vifs, mais avec des bords attaqués, éraillés par cette cruelle maladie. Tout cela était complété par un petit air pédant et de mauvaise humeur ; marchant mal et comme avec des jambes torses, toute sa vie l'antipode de l'élégance et par malheur cherchant l'élégance, et avec cela

Un esprit tout divin. (La Fontaine)

Sensible rarement, mais, quand il l'était, aimant la Patrie avec passion et, je pense, capable d'héroïsme s'il l'eût fallu. Il eût été un héros dans une assemblée délibérante, un *Hampden*, et pour moi c'est tout dire. (Voir la Vie de Hampden, par lord King ou Dacre, son arrière-petit-fils.)

Enfin, c'est, sans comparaison, celui des Dauphinois auquel j'ai connu le plus d'esprit et de sagacité, et il avait cette audace mêlée de timidité nécessaire pour briller dans un salon de Paris ; comme le général Foy, il s'animait en parlant.

Il me fut bien utile par cette dernière qualité (*la sagacité*) qui naturellement me manquait tout à fait et que, ce me semble, il est parvenu à m'inoculer en partie. Je dis *en partie*, car il faut toujours que je m'y force. Et si je découvre quelque chose, je suis sujet à m'exagérer ma découverte et à ne plus voir qu'elle.

J'excuse ce défaut de mon esprit en l'appelant : *effet nécessaire* et *sine qua non* d'une sensibilité extrême.

Quand une idée se saisit trop de moi au milieu de la rue, *je tombe*. Exemple : rue de la Rochelle, près la rue des Filles-Saint-Thomas, unique chute pendant cinq ou six ans, causée, vers 1826, par ce problème : M. de Belleyme doit-il ou ne doit-il pas, dans l'intérêt de son ambition, se faire nommer député ? C'était le temps où M. de Belleyme, préfet de police (le seul magistrat populaire du temps des Bourbons de la branche aînée), cherchait maladroitement à se faire député.

Quand les idées m'arrivent au milieu de la rue, je suis toujours sur le point de donner contre un passant, de tomber ou de me faire écraser par les voitures. Vers la rue d'Amboise, un jour, à Paris (un trait entre cent), je regardais le Dr Edwards sans le reconnaître. C'est-à-dire, il y avait deux actions ; l'une disait bien : Voilà le Dr Edwards ; mais la seconde, occupée de la pensée, n'ajoutait pas : Il faut lui dire bonjour et lui parler. Le docteur fut très étonné, mais pas fâché ; il ne prit pas cela pour la comédie du génie (comme l'eussent fait MM. Prunelle, ancien maire de Lyon, l'homme le plus laid de France, Jules-César Boissat, l'homme le plus fat, Félix Faure, et bien d'autres de mes connaissances, et amis).

J'ai eu le bonheur de retrouver souvent Louis Crozet, à Paris, en 1800 ; à Paris, de 1803 à 1806 ; à Plancy, de 1810 à 1814, où je l'allais voir et où je mis mes chevaux en pension pendant je ne sais quelle mission de l'Empereur. Enfin, nous couchâmes dans la même chambre (hôtel de Hambourg, rue de l'Université) le soir de la prise de Paris en 1814. De chagrin il eut une indigestion dans la nuit ; moi, qui perdais tout, je considérais davantage la chose comme un spectacle. Et d'ailleurs, j'avais de l'humeur de la stupide correspondance du duc de Bassano avec moi, quand j'étais dans la septième division militaire, avec ce vieillard *rimbambito*, M. le comte de Saint-Vallier.

J'avais encore de l'humeur, je l'avoue à la honte de mon esprit, de la conduite de l'Empereur avec la députation du Corps législatif, où se trouvait cet imbécile sensible et éloquent nommé Lainé (de Bordeaux), depuis vicomte et pair de France, mort en 1835, en même temps que cet homme *sans cœur*, absolument pur de toute sensibilité, nommé Rœderer.

Avec Crozet, pour ne pas perdre notre temps en bavardage admiratif de La Fontaine, Corneille, ou Shakespeare, nous écrivions ce que nous appelions des *Caractères* (je voudrais bien en voir quelqu'un aujourd'hui).

C'étaient six ou huit pages in-folio rendant compte (sous un nom supposé) du caractère de quelqu'un de notre connaissance à tous deux à un jury composé d'Helvétius, Tracy et Machiavel, ou Helvétius, Montesquieu et Shakespeare. Telles étaient nos admirations d'alors.

Nous lûmes ensemble Adam Smith et J.-B. Say, et nous abandonnâmes cette science comme y trouvant des points obscurs ou même contradictoires. Nous étions de la première force en mathématiques, et après ses trois ans d'Ecole polytechnique Crozet était si fort en chimie qu'on lui offrit une place analogue à celle de M. Thénard (aujourd'hui pair de France mais, à nos yeux d'alors, homme sans génie ; nous n'adorions que Lagrange et Monge ; Laplace même n'était presque, pour nous, qu'un *esprit de lumière* destiné à faire comprendre, mais non à inventer). Crozet et moi nous lûmes Montaigne, je ne sais combien de fois Shakespeare de Letourneur (quoique nous sussions fort bien l'anglais).

Nous avions des séances de travail de cinq ou six heures après avoir pris du café à l'hôtel de Hambourg, rue de l'Université, avec vue sur le Musée des Monuments français, charmante création, bien voisine de la perfection, anéantie par ces plats Bourbons.

Il y a orgueil peut-être dans la qualification d'excellent mathématicien à moi attribuée ci-dessus. Je n'ai jamais su le calcul différentiel et intégral, mais dans un temps je passais ma vie à songer avec plaisir à l'art de mettre en équation, à ce que j'appellerais, si je l'osais, la métaphysique des mathématiques. J'ai remporté le premier prix (et sans nulle faveur, au contraire, ma hauteur avait indisposé) sur huit jeunes gens qui, un mois après à la fin de 1799 ont tous été reçus élèves de l'Ecole polytechnique.

J'ai bien eu avec Louis Crozet six à huit cents séances de travail *improbus*, de cinq à six heures chacune. Ce travail, sérieux et les sourcils froncés, nous l'appelions *piocher*, d'un mot en usage à l'Ecole polytechnique. Ces séances ont été ma véritable éducation littéraire, c'était avec un extrême plaisir que nous allions ainsi à la découverte de la vérité, au grand scandale de Jean-Louis Basset (maintenant M. le baron de Richebourg, auditeur, ancien sous-préfet, ancien amant d'une Montmorency, riche et fat, sans nul esprit, mais sans méchanceté). Cet être, haut de quatre pieds trois pouces et au désespoir de s'appeler Basset, logeait avec Crozet à l'hôtel de Hambourg. Je ne lui connais pas d'autre mérite que d'avoir reçu un coup de baïonnette dans la poitrine, les revers peut-être de son habit, un jour que du parterre nous prîmes d'assaut la scène du Théâtre Français en l'honneur de Mlle Duchesnois (mais, bon Dieu! j'empiète), actrice excellente dans deux ou trois rôles, morte en 1835.

Nous ne nous passions rien, Crozet et

moi, en travaillant ensemble, nous avions toujours peur de nous laisser égarer par la vanité, ne trouvant aucun de nos amis capable de raisonner avec nous sur ces matières.

Ces amis étaient les deux Basset, Louis de Barral (mon ami intime, ami intime aussi de Louis Crozet), Plana (professeur à Turin, membre de toutes les Académies et de tous les ordres de ce pays). Crozet et Plana, tous deux mes amis, étaient pour les mathématiques, d'un an en arrière sur moi ; ils apprenaient l'arithmétique tandis que j'étais à la trigonométrie et aux éléments d'algèbre.

CHAPITRE 31[1]

Mon grand-père n'aimait point M. Dubois-Fontanelle, il était tout-à-fait homme de vanité cultivée et implacable, homme du grand monde à l'égard d'une infinité de personnes dont il parlait en bons termes, mais qu'il n'aimait point.

Je pense qu'il avait peur d'être méprisé, tout considéré, comme littérateur par ce pauvre M. Dubois, qui avait fait une tragédie, laquelle avait eu l'honneur d'envoyer son libraire aux galères. Il s'agit d'*Éricie, ou la Vestale*. C'était évidemment *Éricie, ou la Religieuse*, ou la *Mélanie* de cet intrigant de Laharpe, dont le froid génie avait, je pense, volé ce sujet au pauvre M. Dubois-Fontanelle, toujours si pauvre qu'il avait pris une écriture horriblement fine pour moins user de papier.

Le pauvre M. Dubois alla à Paris assez

---

1. 16 janvier 1836. Le 15, excès de lecture, battements de cœur, ou plutôt *cœur resserré*.

jeune avec *l'amour du beau*. Une pauvreté constante le força à chercher l'utile, il ne put jamais s'élever au rang des *Jean Sucres* de la première ligne, tels que Laharpe, Marmontel, etc. Le besoin le força à accepter la rédaction des articles politiques du *Journal des Deux-Ponts*, et, bien pis, là il épousa une grosse et grande Allemande, ex-maîtresse du roi de Bavière Maximilien-Joseph, alors prince Max et colonel français.

Sa fille aînée, fille du roi, fut mariée à un M. Renauldon, personnage vaniteux, fait exprès pour être bon maire d'une grande ville de province. En effet, il fut bon maire de Grenoble de 1800 à 1814, je crois, et de plus outrageusement cocufié par mon cousin Pelot, le roi des sots, lequel en fut déshonoré et obligé de sortir du pays avec une place dans les Droits réunis que lui donna le bienfaisant Français (de Nantes), financier puissant sous l'Empereur et qui donna une place à Parny. Je l'ai beaucoup connu littérateur sous le nom de M. Jérôme, vers 1826. Tous ces gens d'esprit, malheureux dans l'ambition, prennent les lettres pour leur pis-aller. Par leur science d'intrigue et leurs amis politiques ils obtiennent des semblants de succès, et, dans le fait, accrochent des *ridicules*. Tel j'ai vu M. Rœderer, M. Français (de Nantes) et même M. le comte Daru, quand par son poème de l'*Astronomie* (publié après sa mort), il se fit associé libre de l'Académie des Sciences. Ces trois hommes de beaucoup d'esprit, de finesse et certainement au premier rang des conseillers d'Etat et des préfets, n'avaient jamais vu cette petite figure de géométrie inventée par moi, simple auditeur, il y a un mois.

Si, en arrivant à Paris, le pauvre

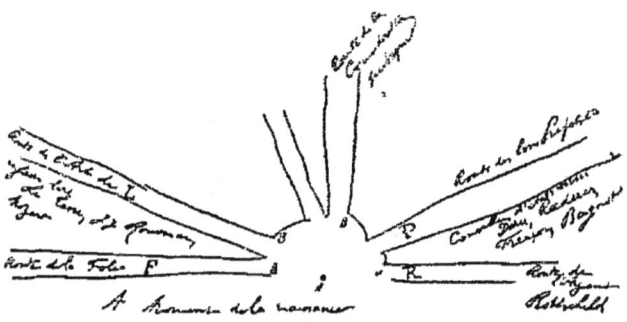

B. Routes prises à 7 ans souvent à notre insu. Il est souverainement absurde de vouloir à cinquante ans laisser la route R ou la route P pour la route L. Frédéric II ne s'est guère fait lire, et dès vingt ans il songeait à la route L.

M. Dubois qui se nomma Fontanelle, avait trouvé une pension de cent louis à condition d'écrire (comme Beethoven vers 1805, à Vienne), il eût cultivé le *Beau*, c'est-à-dire imité non la nature mais Voltaire.

Au lieu de cela, il fut obligé de traduire les *Métamorphoses* d'Ovide et, bien pis, des livres anglais. Cet excellent homme me donna l'idée d'apprendre l'anglais et me prêta le premier volume de Gibbon, et je vis à cette occasion qu'il prononçait : *Té istory of lé fall*. Il avait appris l'anglais sans maître, à cause de la pauvreté, et à coups de dictionnaire.

Je n'ai appris l'anglais que bien des années après, quand j'*inventai* d'apprendre par cœur les quatre premières pages du *Vicaire de Wakefield* (Ouaikefilde). Ce fut, ce me semble, vers 1805. Quelqu'un a eu la même idée à Rome, je crois, et je ne l'ai su qu'en 1812, quand j'accrochai quelques *Edinburg Reviews* en Allemagne.

M. Dubois-Fontanelle était presque perclus de goutte, ses doigts n'avaient plus de forme, il était poli, obligeant, serviable, du reste son caractère avait été brisé par l'infortune constante.

Le *Journal des Deux-Ponts* ayant été conquis par les armées de la Révolution, M. Dubois ne devint point *aristocrate* pour cela, mais, chose singulière, resta toujours *citoyen français*. Ceci paraîtra simple vers 1880, mais n'était rien moins qu'un miracle en 1796.

Voyez mon père qui, à la Révolution, gagnait de prendre rang par ses talents, qui fut premier adjoint faisant fonction de maire de Grenoble, chevalier de la Légion d'honneur, et qui abhorrait cette Révolution qui l'avait tiré de la crotte.

Le pauvre et estimable M. Fontanelle, abandonné par son journal, arriva à Grenoble avec sa grosse femme allemande qui, malgré son premier métier, avait des manières basses et peu d'argent. Il fut

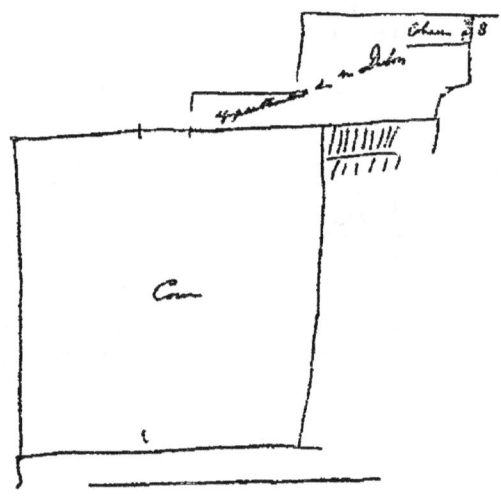

trop heureux d'être professeur, logé, et alla même occuper un appartement à l'angle *sud-ouest* de la cour du Collège, avant qu'il ne fût terminé.

En B était sa belle édition de Voltaire in-8°, de Kehl, le seul de ses livres que cet excellent homme ne prêtât pas. Ses livres avaient des notes de son écriture, heureusement presque impossible à lire sans loupe. Il m'avait prêté *Emile* et fut fort inquiet parce que, à cette folle déclamation de J.-J. Rousseau : « La mort de Socrate est d'un homme, celle de Jésus-Christ est d'un Dieu », il avait joint un *papillon* (bout de papier collé) fort raisonnable et fort peu éloquent, et qui finissait par la maxime contraire.

Ce papillon lui eût beaucoup nui, même aux yeux de mon grand-père. Qu'eût-ce été si mon père l'eût vu ? Vers ce temps, mon père n'acheta pas le *Dictionnaire* de Bayle, à la vente de notre cousin Drier (homme de plaisir), pour ne pas compromettre ma religion, et il me le dit.

M. Fontanelle était trop brisé par le malheur et par le caractère de sa diablesse de femme pour être enthousiaste, il n'avait pas la moindre étincelle du feu de M. l'abbé Ducros ; aussi n'eut-il guère d'influence sur mon caractère.

Il me semble que je suivis le cours avec ce petit jésuite de Paul-Emile Teisseire, le gros Marquis (bon et fat jeune homme riche de Rives ou de Moirans), Benoît, bon enfant qui se croyait sincèrement un Platon parce que le médecin Clapier lui avait enseigné l'amour (de l'évêque de Clogher).

Cela ne nous faisait pas horreur parce que nos parents en auraient eu horreur, mais cela nous étonnait. Je vois aujourd'hui que ce que nous ambitionnions était la victoire sur cet animal terrible : une femme aimable, juge du mérite des hommes, et non pas le plaisir. Nous trouvions le plaisir partout. Le sombre Benoît ne fit aucun prosélyte.

Bientôt le gros *Marquis*, un peu mon parent, ce me semble, ne comprit plus rien au cours et nous laissa. Il me semble que nous avions aussi un Penet, un ou deux Gauthier, *minus habens* sans conséquence.

Il y eut à ce cours, comme à tous les autres, un examen au milieu de l'année. J'y eus un avantage marqué sur ce petit jésuite de Paul-Émile, qui apprenait tout par cœur et qui, pour cette raison, me faisait grand peur ; car je n'ai *aucune mémoire*.

Voilà un des grands défauts de ma tête : je rumine sans cesse sur ce qui m'intéresse ; à force de le regarder dans des *posilions d'âme* différentes, je finis par y voir du nouveau, et je le fais *changer d'aspect*.

Je tire les tuyaux de lunette dans tous les sens, ou je les fais rentrer, suivant l'image employée par M. de Tracy (voir la *Logique*).

Ce petit jésuite de Paul-Emile, avec son ton doucereux et faux, me faisait grande peur pour cet examen. Heureusement, un M. *Tesle-Lebeau*[1], de Vienne, membre de l'Administration départementale, me poussa des questions. Je fus obligé d'inventer des réponses et je l'emportai sur Paul-Emile, qui seulement savait par cœur le sommaire des leçons du cours.

Dans ma composition écrite, il y eut même une espèce d'idée à propos de J.-J. Rousseau et des louanges qu'il méritait.

Tout ce que j'apprenais aux leçons de M. Dubois-Fontanelle était, à mes yeux, comme une science extérieure ou fausse.

Je me croyais du *Génie*, — où diable avais-je puisé cette idée ? — Du génie pour le métier de Molière et de Rousseau.

Je méprisais sincèrement et souverai-

---

1. Père de feue Mme la Comtesse Français de Nantes. *Note de Colomb.*

nement le talent de Voltaire : je le trouvais *puéril*. J'estimais sincèrement Pierre Corneille, l'Arioste, Shakespeare, Cervantès et, en paroles, *Molière*. Ma peine était de les mettre d'accord.

Mon idée sur le beau littéraire, au fond, est la même qu'en 1796, mais chaque six mois elle se perfectionne, ou, si l'on veut, elle change un peu.

C'est le *travail unique de toute ma vie*.

Tout le reste n'a été que *gagne-pain*, gagne-pain joint à un peu de vanité de le gagner aussi bien qu'un autre ; j'en excepte l'*Intendance* à Brunswick après le départ de Martial. *Il y avait l'attrait de la nouveauté* et le blâme exprimé par M. Daru à l'intendant de Magdebourg, M. Chaalons, ce me semble.

Mon beau idéal littéraire a plutôt rapport à jouir des œuvres des autres et à les estimer, à ruminer sur leur mérite, qu'à écrire moi-même.

Vers 1794, j'attendais niaisement le moment du génie, à peu près comme la voix de Dieu parlant du *buisson ardent* à Moïse. Cette nigauderie m'a fait perdre bien du temps, mais peut-être m'a empêché de me contenter du *demi-plat*, comme font tant d'écrivains de mérite (par exemple M. Loeve-Veimars).

Quand je me mets à écrire, je ne songe

plus à mon beau idéal littéraire, je suis assiégé par des idées que j'ai besoin de noter. Je suppose que M. Villemain est assiégé par des formes de phrases ; et ce qu'on appelle un poète, un Delille, un Racine, par des formes de vers.

Corneille était agité par des formes de réplique :

Hé bien ! prends-en ta part et me laisse la mienne...

d'Emilie à Cinna.

Comme donc mon idée de perfection a changé tous les six mois, il m'est impossible de noter ce qu'elle était vers 1795 ou 1796, quand j'écrivais un drame dont j'ai oublié le nom. Le personnage principal s'appelait Picklar peut-être, et était peut-être pris à Florian.

La seule chose que je vois clairement c'est que, depuis quarante-six ans, mon idéal est de vivre à Paris, dans un quatrième étage, écrivant un drame ou un livre.

Les bassesses infinies et l'esprit de conduite nécessaire pour faire jouer un drame m'ont empêché d'en faire, bien malgré moi, et il n'y a pas huit jours que j'en avais des remords abominables. J'en ai esquissé plus de vingt, toujours trop de détails, et trop profonds, trop peu intelligibles pour le public bête comme M. Ternaux, dont la révolution de 1789 a peuplé le parterre et les loges.

 Quand, par son immortel pamphlet *Qu'est-ce que le Tiers ? Nous sommes à genoux, levons-nous*, M. l'abbé Sieyès porta le premier coup à l'aristocratie politique, il fonda sans le savoir l'aristocratie littéraire. (Cette idée m'est venue en novembre 1835, faisant une préface à de Brosses qui a choqué Colomb.)

CHAPITRE 32

J'AVAIS donc un certain beau littéraire dans la tête en 1796 ou 1797, quand je suivais le cours de M. Dubois-Fontanelle, ce beau était fort différent du sien. Le trait le plus marquant de cette différence était mon adoration pour la vérité tragique et simple de Shakespeare, contrastant avec la *puérilité emphatique* de Voltaire.

Je me souviens entre autres que M. Dubois nous récitait avec enthousiasme de certains vers de Voltaire ou de lui, où il y avait : *dans la plaie... retournant le couteau*. Ce mot *couteau* me choquait à fond, profondément, parce qu'il appliquait mal ma règle, mon amour pour la simplicité. Je vois ce *pourquoi* aujourd'hui. J'ai senti vivement toute ma vie, mais je ne vois le pourquoi que longtemps après.

Hier seulement, 18 janvier 1836, fête de la *catedra* de Saint-Pierre, en sortant de Saint-Pierre à quatre heures et me retournant pour regarder le dôme, *pour la première fois de ma vie*, je l'ai regardé comme on regarde un autre édifice, j'y ai vu le balcon de fer du tambour. Je me suis dit : je vois ce qui est pour la première fois, jusqu'ici je l'ai regardé comme on regarde la femme qu'on aime. Tout m'en plaisait (je parle du tambour et de la coupole), comment aurais-je pu y trouver des défauts ?

Voilà que par un autre chemin, un autre côté, je reviens à avoir la vue de ce défaut que j'ai noté plus haut dans ce mien véridique récit, *le manque de sagacité*.

Mon Dieu ! comme je m'égare ! J'avais donc une doctrine intérieure quand je suivais le cours de M. Dubois, je n'apprenais tout ce qu'il me disait que comme une *fausseté utile*. Quand il blâmait Shakespeare surtout, je rougissais intérieurement.

Mais j'apprenais d'*autant mieux* cette doctrine littéraire que je n'en étais pas enthousiaste.

Un de mes malheurs a été de ne pas plaire aux gens dont j'étais enthousiaste (exemple Mme Pasta et M. de Tracy) ; apparemment, je les aimais à ma manière et non à la leur.

De même, je manque souvent l'exposition d'une doctrine que *j'adore*, on me contredit, les larmes me viennent aux yeux et je ne puis plus parler. Je dirais, si

je l'osais : *Ah ! vous me percez le cœur !*
Je me souviens de deux exemples bien frappants pour moi :

1º Louange du Corrège à propos de Prud'hon, parlant à Mareste dans le Palais-Royal, et allant à un pique-nique avec MM. Duvergier de Hauranne, l'aimable Dittmer et le vilain Cavé.

Le second parlant de Mozart à MM. Ampère et Adrien de Jussieu, en revenant de Naples vers 1832, (un mois après le tremblement de terre qui a écorné Foligno).

Littérairement parlant, le cours de M. Dubois (imprimé depuis en quatre volumes par son petit-fils, Ch. Renauldon) me fut utile comme me donnant une vue complète du champ littéraire et empêchant mon imagination d'en exagérer les parties inconnues, comme Sophocle, Ossian, etc.

Ce cours fut très utile à ma vanité en confirmant les autres définitivement dans l'opinion qui me plaçait dans les sept à huit garçons d'esprit de l'Ecole. Il me semble toutefois que Grand-Dufay était placé avant moi, j'ai oublié le nom des autres.

L'âge d'or de M. Fontanelle, le temps dont il parlait avec attendrissement, c'était son arrivée à Paris vers 1750. Tout était plein alors du nom de Voltaire et des ouvrages qu'il envoyait sans cesse de Ferney. (Était-il déjà à Ferney ?)

Tout cela manquait son effet sur moi, qui abhorrais la *puérilité* de Voltaire dans l'histoire et sa *basse envie* contre Corneille ; il me semble que dès cette époque j'avais remarqué le ton prêtre du *Commentaire* de Voltaire dans la belle édition de Corneille avec estampes, qui occupait un des hauts rayons de la bibliothèque fermée de glaces de mon père à Claix, bibliothèque dont je volais la clef et où j'avais découvert ce me semble la *Nouvelle Héloïse* quelques années avant, et certainement depuis *Grandisson*, que je lisais en fondant en larmes de tendresse dans un galetas du second étage de la maison de Claix, où je me croyais en sûreté.

M. Jay, ce grand hâbleur, si nul comme peintre, avait un talent marqué pour allumer l'émulation la plus violente dans nos cœurs et, à mes yeux maintenant, c'est là le premier talent d'un professeur. Combien je pensais différemment vers 1796 ! J'avais le culte du génie et du talent.

Un fantasque faisant tout *par à coup*, comme en agit d'ordinaire un homme de génie, n'eût pas eu quatre cents ou trois cent cinquante élèves, comme M. Jay.

Enfin, la rue Neuve était encombrée

quand nous sortions de son cours, ce qui redoublait les airs importants et emphatiques du maître.

Je fus ravi, comme du plus difficile et du plus bel avancement possible, quand, vers le milieu d'une année, ce me semble, M. Jay me dit avec son air majestueux et paterne :

« Allons, monsieur Beyle, prenez votre carton et allez, allez vous installer à la Bosse. »

Ce mot : *monsieur*, d'un usage si fréquent à Paris, était tout à fait insolite à Grenoble, en parlant à un enfant et m'étonnait toujours, à moi adressé.

Je ne sais pas si je dus cet avancement à quelque mot de mon grand-père adressé à M. Jay ou à mon mérite à faire des hachures bien parallèles dans la classe des Académies, où depuis peu j'avais été admis. Le fait est qu'il surprit moi et les autres.

Admis parmi les douze ou quinze *bosses*, mes dessins aux crayons noirs et blancs, d'après les têtes de Niobé et de Démosthène (ainsi nommées par nous) surprirent M. Jay, qui avait l'air scandalisé de me trouver autant de talent qu'aux autres. Le plus fort de cette classe était un Ennemond Hélie (depuis notaire en cour) ; c'était l'homme le plus froid, il avait été, disait-on, à l'armée. Ses ouvrages tendaient au genre de Philippe de Champaigne, mais c'était un homme et non un enfant comme nous autres, il y avait de l'injustice à le faire concourir avec nous.

Bientôt, à la Bosse j'obtins un prix. Nous l'obtînmes à deux ou trois, on tira au sort et j'eus L'*Essai sur la Poésie et la Peinture*, de l'abbé Dubos, que je lus avec le plus vif plaisir. Ce livre répondait aux sentiments de mon cœur, sentiments inconnus à moi-même.

Moulezin, l'idéal du provincial timide, dépourvu de toute idée et fort soigneux, excellait à tirer des hachures bien parallèles avec un crayon de sanguine bien taillé. Un homme de talent, à la place de M. Jay, nous eût dit en nous montrant Moulezin : « Messieurs, voilà comment il ne faut pas faire. » Au lieu de cela Moulezin était le rival d'Ennemond Hélie.

Le spirituel Dufay faisait des dessins fort originaux, disait M. Jay, il se distingua surtout quand M. Jay eut l'excellente idée de nous faire tous poser tour à tour pour l'étude des têtes. Nous avions aussi le gros Hélie, surnommé *le bedot* (le bête, le lourd), et les deux Monval, que leur faveur *aux* mathématiques avait suivi à l'école de dessin. Nous travaillions avec une ardeur et une rivalité incroyables deux ou trois heures de chaque après-midi.

Un jour qu'il y avait deux modèles, le grand Odru, du latin, m'empêchait de voir ; je lui donnai un soufflet de toutes mes forces en O. Un instant après, moi rassis à ma place en H, il tira ma chaise

par derrière et me fit tomber sur le derrière. C'était un homme, il avait un pied de plus que moi, mais il me haïssait fort. J'avais dessiné, dans l'escalier du latin, de concert avec Gauthier et Crozet, ce me semble, une caricature énorme comme lui, sous laquelle j'avais écrit : Odruas Kambin. Il rougissait quand on l'appelait Odruas, et disait Kambin, au lieu de : quand bien.

A l'instant il fut décidé que nous devions nous battre au pistolet. Nous descendîmes dans la cour, M. Jay voulant s'interposer nous prîmes la fuite. M. Jay retourna à l'autre salle. Nous sortîmes, mais tout le collège nous suivit. Nous avions peut-être deux cents suivants.

J'avais prié Diday, qui s'était trouvé là, de me servir de témoin, j'étais fort troublé mais plein d'ardeur. Je ne sais comment il se fit que nous nous dirigeâmes vers la porte de la Graille, fort incommodés par notre cortège. Il fallait avoir des pistolets, ce n'était pas facile. Je finis par obtenir un pistolet de huit pouces de long. Je voyais Odru marcher à vingt pas de moi, il m'accablait d'injures. On ne nous laissait pas approcher, d'un coup de poing il m'aurait tué.

Je ne répondais pas à ses injures, mais je tremblais de colère. Je ne dis pas que j'eusse été exempt de peur si le duel eût été arrangé comme à l'ordinaire, quatre ou six personnes allant froidement ensemble, à six heures du matin, dans un fiacre, à une grande lieue d'une ville.

La garde de la porte de la Graille fut sur le point de prendre les armes.

Cette procession de polissons, ridicule et fort incommode pour nous, redoublait ses cris : *se battront-ils ? ne se battront-ils pas ?* dès que nous nous arrêtions pour faire quelque chose. J'avais grand peur d'être rossé par Odru, plus grand d'un pied que ses témoins et que les miens. Je me rappelle du seul Maurice Diday comme mon témoin (depuis plat ultra, maire de Domène et écrivant dans les journaux des lettres ultra *sans orthographe*). Odru était furieux.

Enfin, après une heure et demie de pour-

LIEU DU DUEL

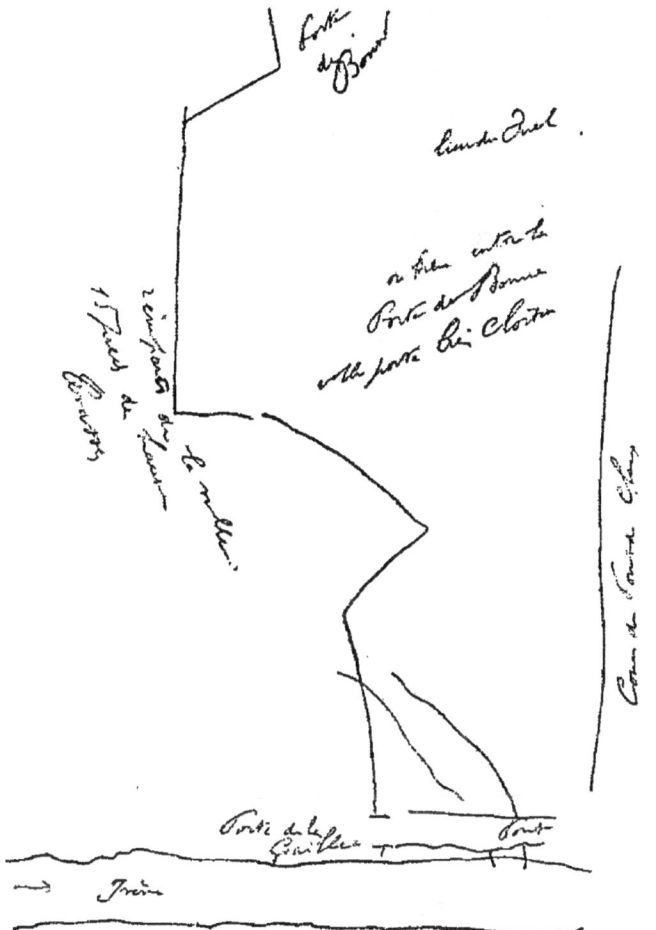

suite, comme la nuit approchait, les polissons nous laissèrent un peu de tranquillité entre les portes de Bonne et Très-Cloîtres. Nous descendîmes dans les fossés de la ville, tracés par Louis Royer, à dix pieds de profondeur, où nous nous arrêtâmes sur le bord de ces fossés.

Là, on chargea les pistolets, on mesura un nombre de pas effroyable, peut-être vingt, et je me dis : voici le moment d'avoir

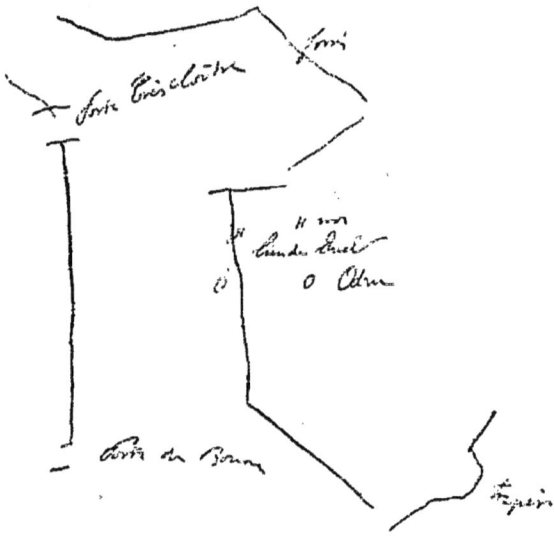

du courage. Je ne sais comment, Odru dut tirer le premier, je regardais fixement un petit morceau de rocher en forme de trapèze qui se trouvait au-dessus de lui, le même que l'on voyait de la fenêtre de ma tante Elisabeth, à côté du toit de l'église Saint-Louis.

Je ne sais comment on ne fit pas feu. Probablement les témoins n'avaient pas chargé les pistolets. Il me semble que je n'eus pas à viser. La paix fut déclarée, mais sans toucher de mains ni encore moins embrassade. Odru fort en colère m'aurait rossé.

Dans la rue Très-Cloîtres, marchant avec mon témoin Diday[1], je lui dis :

« Pour ne pas avoir peur, tandis qu'Odru me visait, je regardais le petit rocher au-dessus de Seyssins.

— Tu ne dois jamais dire ça, une telle parole ne doit jamais sortir de ta bouche », me dit-il, en me grondant ferme.

Je fus fort étonné et en y réfléchissant fort scandalisé de cette réprimande.

Mais dès le lendemain je me trouvai un remords horrible d'avoir laissé arranger cette affaire. Cela blessait toutes mes rêveries espagnoles, comment oser admirer le *Cid* après ne s'être pas battu ? Comment penser aux héros de l'*Arioste* ? Comment admirer et critiquer les grands personnages

---

1. Baudry.

de l'histoire romaine dont je relisais souvent les hauts faits dans le doucereux Rollin ?

En écrivant ceci, j'éprouve la sensation de passer la main sur la cicatrice d'une blessure guérie.

Je n'ai pas pensé deux fois à ce duel depuis mon autre duel arrangé avec M. Raindre (chef d'escadron ou colonel d'artillerie légère, à Vienne, en 1809, pour Babet).

Je vois qu'il a été le grand remords de tout le commencement de ma jeunesse, et la vraie raison de mon outrecuidance (presque insolence) dans le duel de Milan, où Cardon fut témoin.

Dans l'affaire Odru, j'étais étonné, troublé, me laissant faire, distrait par la peur d'être rossé par le colossal Odru, je me préparais de temps en temps à avoir peur. Pendant les deux heures que dura la procession des deux cents gamins, je me disais : Quand les pas seront mesurés, c'est alors qu'il y aura du danger. Ce qui me faisait horreur, c'était d'être rapporté à la maison *sur une échelle*, comme j'avais vu rapporter le pauvre Lambert. Mais je n'eus pas un instant l'idée la plus éloignée que l'affaire serait arrangée.

Arrivé au grand moment pendant qu'Odru me visait et ce me semble que son pistolet ratait plusieurs fois, j'étudiais les contours du petit rocher T. Le temps ne me sembla point long (comme il semblait long à la Moskowa au très brave et excellent officier *Andréa* Corner, mon ami).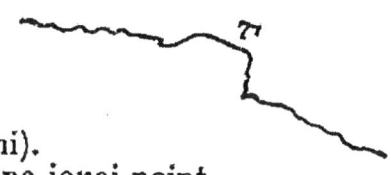

En un mot je ne jouai point la comédie, je fus parfaitement naturel, point vantard mais très brave.

J'eus tort, il fallait *blaguer*, avec ma vraie résolution de me battre, je me serais fait une réputation dans notre ville où l'on se battait beaucoup, non pas comme les Napolitains de 1836, parmi lesquels les duels produisent très peu de cadavres ou point, mais en braves gens. Par contraste avec mon extrême jeunesse, (ce devait être en 1796, donc treize ans et peut-être 1795), et mes habitudes retirées et d'*enfant noble*, si j'eusse eu l'esprit de parler un peu je me faisais une réputation admirable.

M. Châtel, une de nos connaissances et de nos voisins, Grande-Rue, avait tué six hommes. De mon temps, c'est-à-dire de 1798 à 1805, deux de mes connaissances, le fils Bernard et Royer *gros-bec*, ont été tués en duel, M. Royer, à quarante-cinq pas, à la nuit tombante dans les délaissés du Drac, près l'endroit où fut établi, depuis, le pont de fil de fer.

Ce fat de Bernard[1] (fils d'un autre fat, depuis juge à la cour de Cassation, ce me semble, et ultra) ce fat de Bernard reçut au moulin de Canel un petit coup d'épée de l'aimable Meffrey (M. de Meffrey, receveur général, mari de la dame d'honneur complaisante de Mme la duchesse de Berry, et depuis heureux héritier du gros Vourey). Bernard tomba mort, M. de Meffrey s'enfuit à Lyon ; la querelle était presque *de caste*, Mareste fut ce me semble témoin de Meffrey et m'a raconté la chose.

Quoi qu'il en soit, je gagnai un remords profond :

1º A cause de mon espagnolisme, défaut existant encore en 1830, ce que Fiore a reconnu et qu'il appelle avec Thucydide : vous tendez vos filets trop haut.

2º Faute de blague. Dans les grands dangers, je suis naturel et simple. Cela fut de bon goût à Smolensk, aux yeux du duc de Frioul. M. Daru, qui ne m'aimait pas, écrivit la même chose à sa femme, de Vilna, je pense, après la retraite de Moscou. Mais, aux yeux du vulgaire, je n'ai pas joué le rôle brillant auquel je n'avais qu'à étendre la main pour atteindre.

---

1. A ce duel figuraient : MM. Didier, Madier de Montjeau, de Vourey et de Mareste. *Note de Colomb.*

Plus j'y réfléchis, plus il me semble que cette dispute est de 1795, bien antérieure à ma passion pour les mathématiques, à mon amitié pour Bigillion, à mon amitié tendre pour Mlle Victorine.

Je respectais infiniment Maurice Diday[1] :

1º Parce que mon excellent grand-père, ami peut-être intime de sa mère, le louait beaucoup ;

2º Je l'avais vu plusieurs fois en uniforme de soldat d'artillerie et il était allé à son corps plus loin que Montmélian ;

3º Enfin, et surtout, il avait l'honneur d'être amoureux de Mlle Létourneau, peut-être la plus jolie fille de Grenoble et fille de l'homme certainement le plus gai, le plus insouciant, le plus philosophe, le plus blâmé par mon père et mes parents. En effet, M. Létourneau leur ressemblait bien peu ; il s'était ruiné et avait épousé une demoiselle Borel, je crois, une sœur de la mère de Victorine Mounier, qui fut cause de mon abandon de l'état militaire et de ma fuite à Paris en 1803.

Mlle Létourneau était une beauté dans le genre lourd (comme les figures de Tiarini, *Mort de Cléopâtre et d'Antoine*, au musée du Louvre). Diday[2] l'épousa par la suite mais eut bientôt la douleur de la perdre,

1. Baudry.
2. Baudry.

après six ans d'amour ; on dit qu'il en fut hébété et se retira à la campagne, à Domène[1].

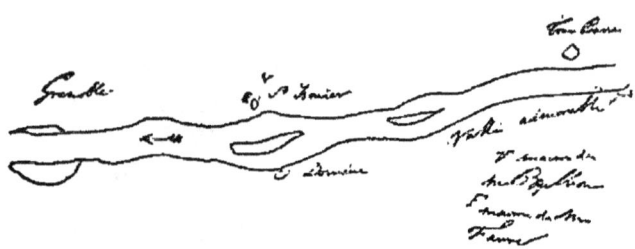

Après mon prix, au milieu de l'année, à la Bosse, qui scandalisa tous les courtisans plus avancés que moi à la cour de M. Jay, mais que personne n'osa dire immérité, mon rang changea *au dessin*, comme nous disions. Je me serais mis au feu pour obtenir aussi un prix à la fin de l'année, il me semble que je l'obtins, sinon je trouverais le souvenir du chagrin de l'avoir manqué.

J'eus le premier prix de belles-lettres avec acclamation, j'eus un accessit ou un second prix aux mathématiques, et celui-là fut dur à enlever. M. Dupuy avait une répugnance marquée pour ma manie raisonnante.

---

1. Erreur. Il fut directeur des contributions indirectes et n'a quitté cette administration que pour prendre sa retraite de 1830 à 1833, je crois. *Note de Colomb.*

Il appelait tous les jours au tableau et en les tutoyant MM. de Monval — ou les Monvaux, comme nous les appelions, — parce qu'ils étaient nobles, lui-même prétendait à la noblesse, Sinard, Saint-Ferréol, nobles, le bon Aribert, qu'il protégeait, l'aimable Mante, etc., etc., et moi le plus rarement qu'il pouvait, et quand j'y étais, il ne m'écoutait pas, ce qui m'humiliait et me déconcertait beaucoup car, les autres, il ne les perdait pas de l'œil. Malgré cela, mon amour qui commençait à être sérieux pour les mathématiques, faisait que, quand je trouvais une diffi-

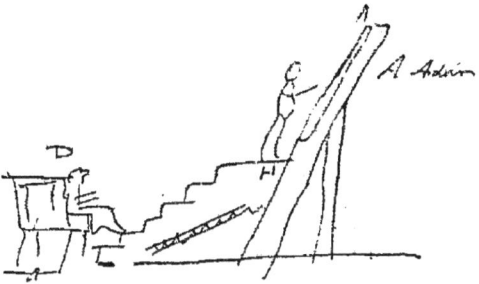

culté je la lui exposais, moi étant au tableau, H, et M. Dupuy dans son immense fauteuil bleu de ciel, en D ; mon indiscrétion l'obligeait à répondre, et c'était là le diable. Il me demandait sans cesse de lui exposer mes doutes en particulier, prétendant que cela faisait perdre du temps à la classe.

Il chargeait le bon Sinard de me lever mes doutes. Sinard, beaucoup plus fort, mais de bonne foi, passait une heure ou deux à nier ces doutes, puis à les comprendre, et finissait par avouer qu'il ne savait que répondre.

Il me semble que tous ces braves gens-là, Mante excepté, faisaient des mathématiques une simple affaire de mémoire. M. Dupuy eut l'air fort attrapé de mon premier prix, si triomphant, au cours de belles-lettres. Mon examen qui eut lieu, comme tous les autres, en présence des membres du Département, des membres du jury, de tous les professeurs et de deux ou trois cents élèves, fut amusant pour ces Messieurs. Je parlai bien, et les membres de l'administration départementale, étonnés de ne pas s'ennuyer, me firent compliment et, mon examen terminé, me dirent : « Monsieur Beyle, vous avez le prix, mais, pour notre plaisir, veuillez bien répondre encore à quelques questions. »

Ce triomphe précéda, je crois, l'examen de mathématiques et me donnait un rang et une assurance qui pour l'année suivante forçaient M. Dupuy à m'appeler souvent au tableau.

Si jamais je repasse par Grenoble, il

faut que je fasse faire des recherches dans les archives de la Préfecture pour les années de 1794 à 1799 inclusivement. Le procès-verbal imprimé de la distribution des prix me donnerait la date de tous ces petits événements dont, après tant d'années, le souvenir me revient avec plaisir. J'étais à la montée de la vie, et avec quelle imagination de feu ne me figurais-je pas les plaisirs à venir ?... Je suis à la descente.

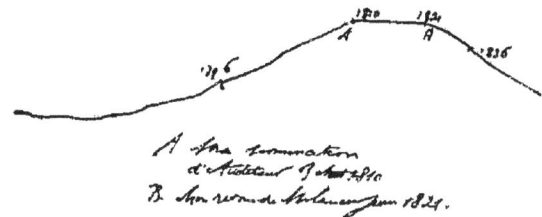

Après ce mois d'août triomphant, mon père n'osa plus s'opposer d'une façon aussi ferme à ma passion pour la chasse. Il me laissa prendre de mauvaise grâce son fusil et même un fusil de calibre de munition, plus solide, qui avait été fait de commande pour feu M. Rey, notaire, son beau-frère.

Ma tante Rey était une jolie femme que j'allais voir dans son joli appartement, dans la cour du Palais. Mon père ne voulait pas que je fisse amitié avec Edouard Rey, son second fils, inique polisson lié avec la plus vile canaille. (C'est aujourd'hui le colonel d'artillerie Rey, insigne Dauphinois, plus fin et plus trompeur à lui tout seul que quatre procureurs grenoblois, du reste archi-cocu, bien peu aimable, mais qui doit-être un bon colonel dans cette arme qui a tant de détails. Il me semble qu'en 1831 il était employé à Alger. Il a été amant de M. P.)

CHAPITRE 33[1]

Je fais de grandes découvertes sur mon compte en écrivant ces Mémoires. La difficulté n'est plus de trouver et de dire la vérité, mais de trouver qui la lise. Peut-être le plaisir des découvertes et des jugements ou appréciations qui les suivent me déterminera-t-il à continuer ; l'idée d'être lu s'évanouit de plus en plus. Me voici à la page 501, et je ne suis pas encore sorti de Grenoble !

Ce tableau des révolutions d'un cœur ferait un gros volume in-8° avant d'arriver à Milan. Qui lirait de telles fadaises ? Quel talent de peintre ne faudrait-il pas pour les bien peindre, et j'abhorre presque également la description de Walter Scott[2] et l'emphase de Rousseau. Il me faudrait pour lecteur une Mme Roland, et encore peut-être le manque de description des charmants ombrages de notre vallée de l'Isère lui ferait jeter le livre. Que de choses

---

1. 20 janvier 1836. Le 3 décembre, j'en étais à 93.
2. Je suis obligé de sauter celles de Walter Scott si bien travaillées et qui enchantent mes contemporains.

à dire pour qui aurait la patience de décrire juste! Quels beaux groupes d'arbres, quelle végétation vigoureuse et luxuriante dans la plaine, quels jolis bois de châtaigniers sur les coteaux et au-dessus, quel grand caractère impriment à tout cela les neiges éternelles de Taillefer! Quelle basse sublime à cette belle mélodie!

Ce fut, je crois, cet automne-là que j'eus le délicieux plaisir de tuer un tourdre,

dans le sentier de la vigne au-dessus de la grande pièce, précisément en face du sommet arrondi et blanc de la montagne de Taillefer. Ce fut un des plus vifs bonheurs de ma vie. Je venais de courir les vignes de Doyatières, j'entrais dans le sentier étroit entre deux haies hautes et touffues, de H en P, quand tout à coup un gros tourdre s'élança avec un petit cri de la vigne en T' tout au haut de l'arbre T, un cerisier, je crois, fort élancé et peu chargé de feuillage.

Je le vis, je tirai dans une position à peu près horizontale, car je n'étais pas encore descendu. Le tourdre tomba en donnant à la terre un coup que j'entends encore. Je descendis le sentier, ivre de joie.

Je rentrai, j'allai dire à un vieux domestique grognon et un peu chasseur :

« Barbier, votre élève est digne de vous! »

Cet homme eût été beaucoup plus sensible au don d'une pièce de douze sous, et d'ailleurs ne comprit pas un mot à ce que je lui disais.

Dès que je suis ému je tombe dans l'espagnolisme, communiqué par ma tante Élisabeth qui disait encore : beau comme le Cid.

Je rêvais profondément en parcourant, un fusil à la main, les vignes et les hautaies des environs de Furonières. Comme mon père, soigneux de me contrarier, défendait la chasse, et tout au plus la tolérait à grande peine par faiblesse, j'allais rarement et presque jamais à la chasse avec de vrais chasseurs, quelquefois à la chasse au renard dans les précipices du rocher de Comboire avec Joseph Brun, le *tailleur* de nos hautaies. Là, placé pour attendre un renard, je me grondais de ma rêverie profonde, de laquelle il eût fallu me réveiller si l'animal eût paru. Il parut un jour à quinze pas de moi, il venait à moi au petit trot, je tirai et ne vis rien. Je le manquai fort bien. Les dangers des précipices à plomb sur le Drac étaient si terribles

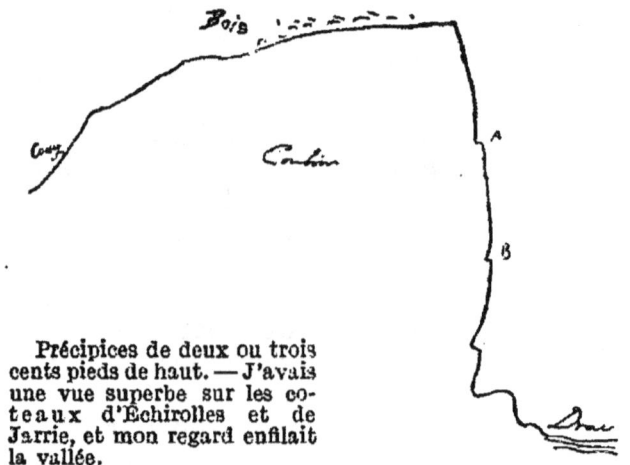

Précipices de deux ou trois cents pieds de haut. — J'avais une vue superbe sur les coteaux d'Échirolles et de Jarrie, et mon regard enfilait la vallée.

pour moi que je pensais fort, ce jour-là, au péril du retour ; on se glisse sur des rebords comme A et B avec la perspective du Drac mugissant au pied du rocher[1].

1. Le pont de fil de fer, dit de Seyssins, qui succéda au bac vers 1827, fut construit par mon ami Louis Crozet : le plat colonel Monval, méprisé de tout le monde (et loué

Les paysans avec lesquels j'allais (Joseph Brun et son fils, Sébastien Charrière, etc.) avaient gardé leurs troupeaux de moutons dans ces pentes rapides dès l'âge de six ans et nuds-pieds ; au besoin ils ôtaient leurs souliers. Pour moi, il n'était pas question d'ôter les miens, et j'allai deux ou trois fois au plus dans ces rochers.

J'eus une peur complète le jour que je manquai le renard, bien plus grande que celle que j'eus, arrêté dans un *chanvre* en Silésie (campagne de 1813) et voyant venir vers moi tout seul dix-huit ou vingt cosaques. Le jour de Comboire je regardais à ma montre qui était d'or comme je fais dans les grandes circonstances pour avoir un souvenir net au moins de l'heure, et comme fit M. de Lavalette au moment de sa condamnation à mort (par les Bourbons). Il était huit heures, on m'avait fait lever avant jour, ce qui me brouille toujours toute la matinée. J'étais rêvant au beau paysage, à l'amour et probablement aussi aux dangers du retour, quand le renard vint à moi au petit trot. Sa grosse queue me le fit reconnaître pour un renard,

à sa mort dans *La Quotidienne*), était actionnaire de ce pont, et ne voulait pas que Crozet, ingénieur en chef fît l'épreuve complète. Par une lithographie, les Périer (Casimir. Augustin etc.) veulent ôter cette gloire à Crozet et la donner à un de leurs neveux. En tout les Périer trompeurs, finasseurs, de mauvaise foi, plats, bas.

car, au premier moment je le pris pour un chien. En S, le sentier pouvait avoir deux pieds, et en S' deux pouces, il fallait que le renard fît un saut pour passer de S' en H, sur mon coup de fusil il sauta sur des broussailles en B, à cinq ou six pieds au-dessous de nous.

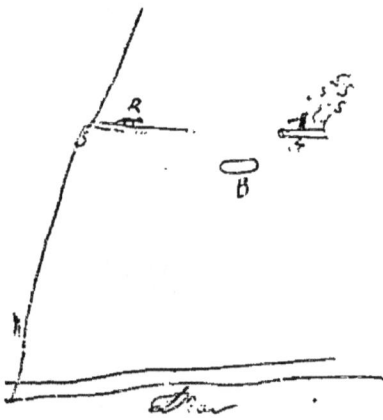

Les sentiers possibles, praticables même pour un renard, sont en petit nombre dans ce précipice ; trois ou quatre chasseurs les occupent, un autre lance les chiens, le renard monte et fort probablement il arrive sur quelque chasseur.

Une chasse dont ces chasseurs parlaient sans cesse est celle des chamois, au *Peuil de Claix*, mais la défense de mon père était précise, jamais aucun d'eux n'osa m'y mener. Ce fut en 1795 je pense que j'eus cette belle peur dans les rochers de Comboire.

Je tuai bientôt mon second tourdre

(tourdre : grive), mais plus petit que le premier, à la nuit tombée, le distinguant à peine, sur un noyer dans le champ de M. de La Peyrouse, je crois, au-dessus de notre *Pelissone* (*id est* : de notre vigne Pelissone).

Je tuai le troisième et dernier sur un petit noyer bordant le chemin au nord de notre *petit verger*. Ce tourdre fort petit était presque verticalement sur moi et me tomba presque sur le nez. Il tomba sur le mur à pierres sèches, et avec lui de grosses gouttes de sang que je vois encore.

Ce sang était signe de victoire. Ce ne fut qu'à Brunswick en 1808 que la pitié me dégoûta de la chasse, aujourd'hui, elle me semble un meurtre inhumain et dégoûtant, et je ne tuerais pas un cousin sans nécessité. La dernière caille que j'ai tuée à Civita-Vecchia ne m'a pas fait pitié pourtant. Les perdrix, cailles, lièvres, me semblent des poulets nés pour aller à la broche.

Si on les consultait avant de les faire naître dans des fours à l'Egyptienne, au bout des Champs-Elysées, probablement ils ne refuseraient pas.

Je me souviens de la sensation délicieuse un matin, partant avant jour avec Barbier et trouvant une belle lune et un vent chaud. C'était le temps des vendanges, je ne l'ai jamais oublié. Ce jour-là j'avais extorqué de mon père la permission de suivre Barbier, factotum pour la direction de l'agriculture du *domaine*, à une foire à Sassenage ou les Balmes. Sassenage est le berceau de ma famille. Ils y étaient juges ou beyles, et la *branche aînée* (je dis bien, l'aînée de ma race) y était encore établie en 1795 avec quinze ou vingt mille francs de rente qui, sans une certaine loi du 13 *germinal*, ce me semble, me seraient tombés *en entier*. Mon patriotisme n'en fut point ébranlé ; il est vrai qu'à cet âge, ne sachant pas ce que c'était que *manquer* et travailler désagréablement pour gagner le nécessaire, l'argent n'était pour moi que satisfaction de fantaisies ; or, je n'avais pas de fantaisies, n'allant jamais en société et ne voyant *aucune femme* ; l'argent n'était donc rien à mes yeux. Tout au plus aurais-je voulu acheter un fusil à deux coups.

J'étais alors comme un grand fleuve qui va se précipiter dans une cascade, comme le Rhin, au-dessus de Schaffouse, dont le cours est encore tranquille, mais qui va se précipiter dans une immense cascade. Ma cascade fut l'amour des mathématiques qui d'abord, comme moyen de quitter Grenoble, la personnification du genre bourgeois et de la *nausée* exactement parlant, et ensuite par amour pour elles-mêmes, absorbèrent tout.

La chasse, qui me portait à lire avec attendrissement la *Maison rustique* et à faire des extraits de l'*Histoire des Animaux* de Buffon, dont l'emphase me choquait, dès cet âge tendre, comme cousine germaine de l'hypocrisie des prêtres de mon père, la chasse fut le dernier signe de vie de mon âme, avant les mathématiques.

J'allais bien le plus souvent que je pouvais chez Mlle Victorine Bigillion, mais elle fit, ce me semble, de grands séjours à la campagne ces années-là. Je voyais aussi beaucoup Bigillion, son frère aîné, La Bayette, Gall, Barral, Michoud, Colomb, Mante, mais le cœur était aux mathématiques.

Encore un récit, et puis je serai tout hérissé d'x et d'y.

C'est une conspiration contre l'arbre de la Fraternité.

Je ne sais pourquoi je conspirai. Cet arbre était un malheureux jeune chêne très élancé, haut de trente pieds au moins, qu'on avait transplanté à son grand regret au milieu de la place Grenette, fort en deçà de l'arbre de la Liberté, qui avait toute ma tendresse.

L'arbre de la Fraternité peut-être

rival de l'autre, avait été planté immédiatement contre la cabane des châtaignes, vis-à-vis les fenêtres de feu M. Le Roy.

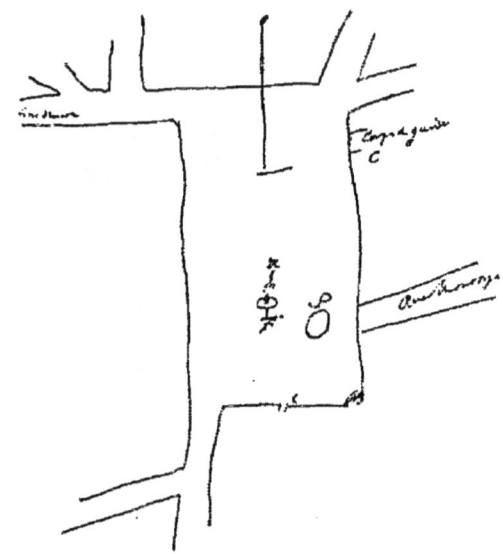

F. Etait cet arbre qui peut-être n'avait qu'un bouquet de feuilles au haut de la tige. — P. Etait la pompe. — C. La porte de maison de mon grand'père si souvent mentionnée et dont le premier étage était occupé par les demoiselles Caudey, dévotes.

Je ne sais à quelle occasion on avait attaché à l'arbre de la Fraternité un écriteau blanc sur lequel M. Jay avait peint en jaune, et avec son talent ordinaire, une couronne, un sceptre, des chaînes, tout cela au bas d'une inscription et en attitude de choses vaincues.

L'inscription avait plusieurs lignes [1] et je n'en ai présentement aucune mémoire, quoique ce fût contre elle que je conspirai.

Ceci est bien une preuve de ce principe : un peu de passion augmente l'esprit, beaucoup l'éteint. Contre quoi conspirâmes-nous ? Je l'ignore. Je ne me souviens encore vaguement que de cette maxime : il est de notre devoir de nuire à ce que nous haïssons autant qu'il est en nous. Et encore ceci est bien vague. Du reste, pas le moindre souvenir de ce que nous haïssions et des motifs de notre haine seulement l'image du fait et voilà tout, mais celle-ci fut nette.

Moi seul j'eus l'idée de la chose [2] il fallut la communiquer aux autres qui d'abord furent froids : — Le corps de garde est si près ! disaient-ils ; mais, enfin ils furent aussi résolus que moi. Les conspirateurs furent ; Mante, Treillard, Colomb et moi, peut-être un ou deux de plus.

---

1. Voici l'inscription, faite non par M. Jay, mais par un peintre vitrier : *Mort à la Royauté, Constitution de l'an III.* Il n'y avait pas autre chose. *Note de Colomb.*

2. C'est chez Romain Colomb que le complot fut arrêté ; l'idée première appartient-elle à R. C. ou à H. B. ? C'est ce que je ne saurais dire. Mais l'un des deux eût fait la chose, quand même ils n'auraient eu aucun complice ; il pouvait y en avoir une douzaine en tout : Casimir Prié les trois Faure, Robin. *Note de Colomb.*

Pourquoi ne tirai-je pas le coup de pistolet ? je l'ignore. Il me semble que ce fut Treillard ou Mante [1].

Il fallut se procurer ce pistolet-là, il avait huit pouces de long. Nous le chargeâmes jusqu'à la gueule. L'arbre de la Fraternité pouvait avoir trente-six ou quarante pieds de haut, l'écriteau était attaché à dix ou douze pieds, il me semble qu'il y avait une barrière autour de l'arbre [2].

Le danger pouvait venir du corps de garde C, dont les soldats se promenaient dans l'espace non pavé, de P en P'.

Quelques passants provenant de la rue Montorge ou de la Grande-Rue pouvaient nous arrêter. Les quatre ou cinq d'entre nous qui ne tirèrent pas observaient les soldats du corps de garde ; peut-être fût-ce là son poste comme le plus dangereux, mais je n'en ai aucune souvenance. D'autres observaient la rue Montorge et la Grande-Rue.

Vers les huit heures du soir, il faisait nuit noire, — et pas trop froid, nous étions en automne ou au printemps, — il y eut un moment de solitude sur la place, nous nous promenions nonchalamment et donnâmes le mot à Mante ou à Treillard [3].

---

1. Ce dernier. *Note de Colomb.*
2. Oui. *Note de Colomb.*
3. Le pistolet, appartenant à H. B., fut chargé jusqu'au bout chez R. C., sur son lit, et en partie avec ses munitions.

Le coup partit et fit un bruit effroyable, le silence était profond et le pistolet chargé à crever. Au même instant, les soldats du poste C furent sur nous. Je pense que nous n'étions pas les seuls à haïr l'inscription et qu'on pensait qu'elle pourrait être attaquée.

Les soldats nous touchaient presque, nous nous sauvâmes dans la porte G de la maison de mon grand-père, mais on nous vit fort bien : tout le monde était aux fenêtres, beaucoup rapprochaient les chandelles et illuminaient [1].

La charge se composait de deux coups ordinaires de poudre, de chevrotines et de gros plombs de lièvre, en fer coulé. H. B. et R. C. étaient avec Mante qui lâcha le coup et vint immédiatement se réunir aux deux premiers, dans l'allée de la maison Gagnon, sur la place Grenette. L'un de ces trois grands coupables, H. B., se réfugia chez mesdemoiselles Caudey, marchandes de modes, au premier étage, tandis que R. C. et Mante grimpaient dans les greniers pour se soustraire aux recherches que la police ne manquerait pas de faire. En montant l'escalier, Mante remit le pistolet à R. C., qui voyait tous les jours H. B. Arrivés dans une espèce de bûcher, R. C., enrhumé de la poitrine, se remplit la bouche de suc de réglisse, afin que sa toux n'attirât pas l'attention des explorateurs de la maison. Au milieu de cette situation assez critique, R. C. se rappela qu'il existait dans ces greniers un corridor, au moyen duquel on communiquait à un escalier de service donnant dans la Grande-Rue. Ce souvenir sauva les deux amis qui, arrivés dans l'allée et voyant à la porte deux personnes qu'ils prirent pour des agents de police, se mirent à causer tranquillement, et comme des enfants, des jeux qui venaient de les occuper; de là, ils regagnèrent paisiblement leur logis, R. C. porteur du pistolet (26 octobre 1838). *Note de Colomb.*

1. Erreur. Tout ceci eut lieu quatre minutes après le coup ; alors nous étions tous trois dans la maison, comme il est dit ci-devant, page 518. *Note de Colomb.*

Cette porte G, sur la Grenette, communiquait par un passage étroit au second étage avec la porte G', sur la Grande-Rue. Mais ce passage n'était ignoré de personne.

Pour nous sauver nous suivîmes donc la ligne FFF. Quelques-uns de nous se sauvèrent aussi, ce me semble, par la grande porte des Jacobins, ce qui me porte à croire que nous étions plus nombreux que je ne l'ai dit. Prié était peut-être des nôtres.

Moi et un autre, Colomb peut-être[1], nous nous trouvâmes le plus vivement poursuivis. *Ils sont entrés dans cette maison*, entendions-nous crier tout près de nous.

Nous ne continuâmes pas moins de monter jusqu'au passage au-dessous du second étage, nous sonnâmes vivement au premier sur la place Grenette, à l'ancien appartement de mon grand-père, loué actuellement à Mlles Caudey, vieilles marchandes de modes fort dévotes. Heureusement elles ouvrirent, nous les trouvâmes fort effrayées du coup de pistolet et occupées à lire la Bible[2].

En deux mots nous leur disons : on nous poursuit, dites que nous avons passé ici

---

1. Mante, Beyle et Colomb. *Note de Colomb.*
2. Il n'y eut que H. B. qui entra chez les demoiselles Caudey ; R. C. et Mante filèrent par les passages dans les greniers et atteignirent ainsi la Grande-Rue. *Note de Colomb*

la soirée. Nous nous asseyons, presque en

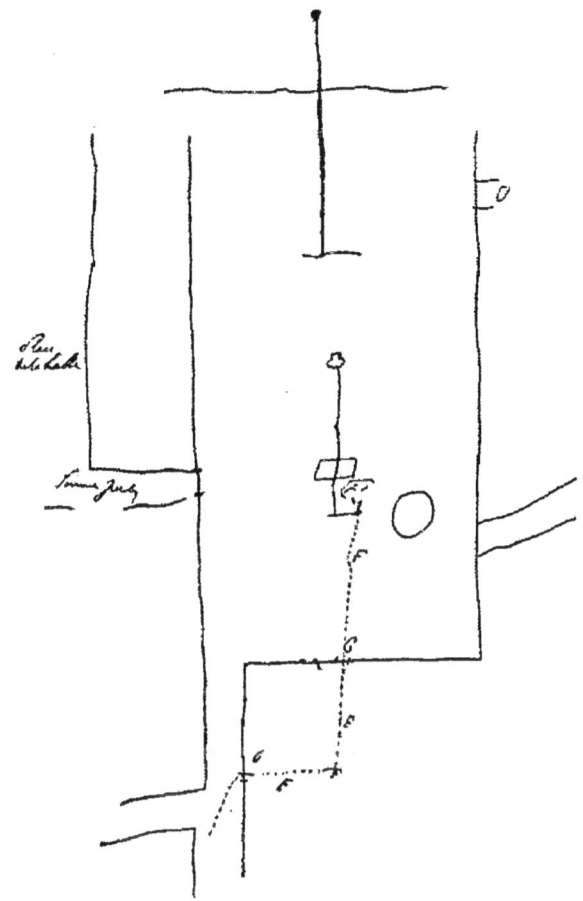

même temps on sonne à arracher la sonnette ; pour nous, nous sommes assis à écouter la Bible, je crois même que l'un de nous prend le livre.

Les commissaires entrent. Qui ils étaient, je n'en sais rien ; je les regardais fort peu apparemment.

« Ces citoyens ont-ils passé la soirée ici ?

— Oui messieurs ; oui, citoyens, » dirent en se reprenant les pauvres dévotes effrayées. Je crois que leur frère M. Caudey, vieux commis employé depuis quarante-cinq ans à l'hôpital, était avec elles.

Il fallait que ces commissaires ou citoyens zélés fussent bien peu clairvoyants, ou bien disposés pour M. Gagnon qui était vénéré de toute la ville à partir de M. le baron des Adrets jusqu'à Poulet le gargotier, car notre trouble devait nous faire faire une étrange figure au milieu de ces pauvres dévotes hors d'elles-mêmes par la peur. Peut-être cette peur qui était aussi grande que la nôtre nous sauva, toute l'assemblée devait avoir la même mine effarée.

Les commissaires répétèrent deux ou trois fois leur question : « Les citoyens ont-ils passé ici toute la soirée ? Personne n'est-il entré depuis que vous avez entendu tirer le coup de pistolet ? »

Le miraculeux, auquel nous songeâmes depuis, c'est que ces vieilles jansénistes aient voulu mentir. Je crois qu'elles se laissèrent aller à ce péché par vénération pour mon grand-père.

Les commissaires prirent nos noms et enfin déguerpirent.

Les compliments furent courts de nous à ces demoiselles. Nous prêtâmes l'oreille, quand nous n'entendîmes plus les commissaires, nous sortîmes, et continuâmes à monter vers le passage[1].

Mante et Treillard[2], plus agiles que nous et qui étaient entrés dans la porte G avant nous, nous contèrent le lendemain que quand ils parvinrent à la porte G', sur la Grande-Rue, ils la trouvèrent occupée par deux gardes. Ces Messieurs se mirent à parler de l'amabilité des demoiselles avec qui ils avaient passé la soirée, les gardes ne leur firent aucune question et ils filèrent.

Leur récit m'a fait tellement l'impression de la réalité que je ne saurais dire si ce ne fut pas Colomb et moi qui sortîmes en parlant de l'amabilité de ces demoiselles[3].

1. Erreur. *Note de Colomb.*
2. Treillard n'était pas avec nous trois. *Note de Colomb.*
3. C'était C. et Mante, qui se quittèrent à quelques pas de la porte d'allée. C. rentra chez lui, peu rassuré sur les suites de l'affaire et assez embarrassé de sa contenance. Au souper, son père, qui se trouvait dans une maison de la place Grenette, au moment où le coup fut tiré, et se doutant qu'il était pour quelque chose dans cette affaire, lui adressa une verte réprimande. M. C. et toute sa famille ayant été longtemps emprisonnés, la coopération de son fils pouvait lui être fatale *Note de Colomb.*

Il me semblerait plus naturel que Colomb et moi entrâmes à la maison, puis il s'en alla une demi-heure après.

Le piquant fut les discussions auxquelles mon père et ma tante Elisabeth se livraient sur les auteurs présumés de la révolte. Il me semble que je contai tout à ma sœur Pauline, qui était mon amie.

Le lendemain, à l'Ecole centrale, Monval (depuis colonel et méprisé), qui ne m'aimait pas, me dit : « Hé bien ! toi et les tiens vous avez tiré un coup de pistolet sur l'arbre de la Fraternité ! »

Le délicieux fut d'aller contempler l'état de l'écriteau : il était criblé.

Les sceptres, couronnes et autres attributs *vaincus* étaient peints au midi, du côté qui regardait l'arbre de la Liberté. Les couronnes, etc., étaient peintes en jaune clair sur du papier tendu sur une toile ou sur une toile préparée pour la peinture à l'huile.

Je n'ai pas pensé à cette affaire depuis quinze ou vingt ans. J'avouerai que je la trouve fort belle. Je me répétais souvent, avec enthousiasme, dans ce temps-là, et j'ai encore répété, il n'y a pas quatre jours, ce vers d'Horace :

Albe vous a nommé, je ne vous connais plus !

Cette action était bien d'accord avec cette admiration.

Le singulier, c'est que je n'aie pas tiré moi-même le coup de pistolet. Mais je ne pense pas que ç'ait été par prudence blâmable. Il me semble, mais je l'entrevois d'une façon douteuse et comme à travers un brouillard, que Treillard, qui arrivait de son village (Tullins, je pense[1]), voulut absolument tirer le coup de pistolet comme pour se donner le droit de bourgeoisie parmi nous[2].

En écrivant ceci, l'image de l'arbre de la Fraternité apparaît à mes yeux, ma mémoire fait des découvertes. Je crois voir que l'arbre de la Fraternité était environné d'un mur de deux pieds de haut garni de pierre de taille et soutenant une grille de fer de cinq ou six pieds de haut[3].

Jomard[4], était un gueux de prêtre, comme plus tard Ming, qui se fit guillotiner pour avoir empoisonné son beau-père, un M. Martin de Vienne ce me semble, ancien *membre du Département*, comme on disait. Je vis juger ce coquin-là, et ensuite guillotiner. J'étais sur le trottoir, devant la pharmacie de M. Plana.

---

1. Bompertuis à une lieue de Voiron. *Note de Colomb.*
2. Ce fut Mante. *Note de Colomb.*
3. Non. *Note de Colomb.*
4. Zomard. *Note de Colomb.*

Jomard avait laissé croître sa barbe, il avait les épaules drapées dans un drap rouge, comme parricide.

J'étais si près qu'après l'exécution je voyais les gouttes de sang se former le long du couteau avant de tomber. Cela me fit horreur, et pendant je ne sais combien de jours je ne pus manger de *bouilli* (bœuf).

CHAPITRE 34

Je crois que j'ai expédié tout ce dont je voulais parler avant d'entrer dans le dernier récit que j'aurai à faire des choses de Grenoble, je veux dire de ma cascade dans les mathématiques.

Mlle Cubly était partie depuis longtemps et il ne m'en restait plus qu'un souvenir tendre, Mlle Victorine Bigillion était beaucoup à la campagne ; mon seul plaisir en lecture était Shakespeare et les *Mémoires* de Saint-Simon, alors en sept volumes, que j'achetais plus tard en douze volumes, édition avec les caractères de Restauration, passion qui a duré comme celles des épinards au physique et qui est aussi forte pour le moins à cinquante-trois qu'à treize ans.

J'aimais d'autant plus les mathématiques que je méprisais davantage mes maîtres, MM. Dupuy et Chabert. Malgré l'emphase et le bon ton, l'air de noblesse et de douceur, qu'avait M. Dupuy en adressant la parole à quelqu'un, j'eus assez de pénétration pour deviner qu'il était infiniment plus ignare que M. Chabert. M. Chabert qui, dans la hiérarchie sociale des bourgeois de Grenoble, se voyait tellement au-dessous de M. Dupuy, quelquefois, le dimanche ou le jeudi matin, prenait un volume d'Euler ou de... et se battait ferme avec la difficulté. Il avait cependant toujours l'air d'un apothicaire qui sait de bonnes recettes, mais rien ne montrait comment ces *recettes* naissent les unes des autres, nulle *logique*, nulle philosophie dans cette tête ; par je ne sais quel mécanisme d'éducation ou de vanité, peut-être par religion, le bon M. Chabert haïssait jusqu'au nom de ces choses.

Avec ma tête d'aujourd'hui, j'avais il y a deux minutes l'injustice de m'étonner comment je ne vis pas sur-le-champ le remède. Je n'avais aucun recours, par vanité mon grand-père répugnait aux mathématiques, qui étaient la seule borne de sa science presque universelle. Cet homme, ou plutôt *monsieur Gagnon n'a jamais rien oublié de ce qu'il a lu*, disait-on avec respect à Grenoble. Les mathématiques formaient la seule réponse de ses ennemis. Mon père abhorrait les mathématiques par religion, je crois, il ne leur pardonnait un peu que parce qu'elles apprennent à *lever le plan des domaines*.

Je lui faisais sans cesse des copies du plan de ses biens à Claix, à Echirolles, à Fontagnier, au Chayla (vallée près...), où il venait de faire une bonne affaire.

Je méprisais Bezout, autant que MM. Dupuy et Chabert.

Il y avait bien cinq à six *forts* à l'Ecole Centrale, qui furent reçus à l'Ecole Polytechnique en 1797 ou 98, mais ils ne daignaient pas répondre à mes difficultés, peut-être exposées peu clairement, ou plutôt qui les embarrassaient.

J'achetai ou je reçus en prix les œuvres de l'*abbé Marie*, un volume in-8º. Je lus ce volume avec l'avidité d'un roman. J'y trouvai les vérités exposées en d'autres termes, ce qui me fit beaucoup de plaisir et récompensa ma peine, mais du reste rien de nouveau.

Je ne veux pas dire qu'il n'y ait pas réellement du nouveau, peut-être je ne le comprenais pas, je n'étais pas assez instruit pour le voir.

Pour méditer plus tranquillement je m'étais établi dans le salon meublé de douze beaux fauteuils brodés par ma pauvre mère et que l'on n'ouvrait qu'une ou deux fois l'an, pour ôter la poussière. Cette pièce m'inspirait le recueillement, j'avais encore dans ce temps-là l'image des jolis soupers donnés par ma mère.

On quittait ce salon étincelant de lumières pour passer à dix heures sonnant dans la salle-à-manger, où l'on trouvait un poisson énorme. C'était le luxe de mon père ; il avait encore cet instinct dans l'état de dévotion et de spéculations d'agriculture où je l'ai vu abaissé.

C'est sur la table T que j'avais écrit le premier acte ou les cinq actes de mon drame, que j'appelais comédie, en attendant le moment du génie, à peu près comme si un ange eût dû m'apparaître.

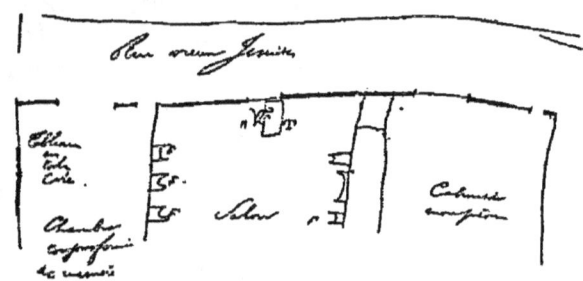

FF. Grands fauteuils brodés par ma mère (Mlle Henriette Gagnon). — T. Table de travail de son fils. — H. Moi au travail.

Mon enthousiasme pour les mathématiques avait peut-être eu pour base principale mon horreur pour l'hypocrisie, l'hypocrisie à mes yeux c'était ma tante Séraphie, Mme Vignon, et leurs prêtres.

Suivant moi, l'hypocrisie était impossible en mathématiques et, dans ma simplicité juvénile, je pensais qu'il en était ainsi dans toutes les sciences où j'avais ouï dire qu'elles s'appliquaient. Que devins-je quand je m'aperçus que personne ne pouvait m'expliquer comment il se faisait que : moins par moins donne plus ($-\times- = +$) ? (C'est une des bases fondamentales de la science qu'on appelle *algèbre*.)

On faisait bien pis que ne pas m'expliquer cette difficulté (qui sans doute est explicable, car elle conduit à la vérité), on me l'expliquait par des raisons évidemment peu claires pour ceux qui me les présentaient.

M. Chabert pressé par moi s'embarrassait, répétait sa *leçon*, celle précisément contre laquelle je faisais des objections, et finissait par avoir l'air de me dire :

« Mais c'est l'usage, tout le monde admet cette explication. Euler et Lagrange, qui apparemment valaient autant que vous, l'ont bien admise. Nous savons que vous avez beaucoup d'esprit (cela voulait dire : Nous savons que vous avez remporté un premier prix de *belles-lettres* et bien parlé à *M. Teste-Lebeau* et aux autres membres du Département), vous voulez apparemment vous singulariser. »

Quant à M. Dupuy il traitait mes timides objections (timides à cause de son ton d'emphase) avec un sourire de hauteur voisin de l'éloignement. Quoique beaucoup moins fort que M. Chabert, il était moins bourgeois, moins borné, et peut-être jugeait sainement de son savoir en mathématiques. Si aujourd'hui je voyais ces Messieurs huit jours, je saurais sur-le-champ à quoi m'en tenir. Mais il faut toujours en revenir à ce point.

Elevé sous une cloche de verre par des parents dont le désespoir rendait encore l'esprit plus étroit, sans aucun contact avec les hommes, j'avais des sensations vives à quinze ans, mais j'étais bien plus incapable qu'un autre enfant de juger les hommes et de deviner leurs diverses comédies. Ainsi, je n'ai pas grande confiance, au fond, dans tous les jugements dont j'ai rempli les 536 pages précédentes. Il n'y a de sûrement vrai que les *sensations*, seulement pour parvenir à la vérité il faut mettre quatre dièzes à mes impressions. Je les rends avec la froideur et les sens amortis par l'expérience d'un homme de quarante ans.

Je me rappelle distinctement que, quand je parlais de ma difficulté de *moins par moins* à un *fort*, il me riait au nez ; tous étaient plus ou moins comme Paul-Emile

Teisseire et apprenaient par cœur. Je leur voyais dire souvent au tableau, à la fin des démonstrations :

« *Il est donc évident que* », etc.

Rien n'est moins évident pour vous, pensais-je. Mais il s'agissait de choses évidentes pour moi, et desquelles, malgré la meilleure volonté, il était impossible de douter.

Les mathématiques ne considèrent qu'un petit coin des objets (leur quantité), mais sur ce point elles ont l'agrément de ne dire que des choses sûres, que la vérité, et presque toute la vérité.

Je me figurais à quatorze ans, en 1797, que les hautes mathématiques, celles que je n'ai jamais sues comprenaient *tous* ou à peu près tous les côtés des objets, qu'ainsi, en avançant, je parviendrais à savoir des choses sûres, indubitables, et que je pourrais me prouver à volonté, *sur toutes choses*.

Je fus longtemps à me convaincre que mon objection sur : moins par moins donne plus, ne pourrait pas absolument entrer dans la tête de M. Chabert, que M. Dupuy n'y répondrait jamais que par un sourire de hauteur, et que les *forts* auxquels je faisais des questions se moqueraient toujours de moi.

J'en fus réduit à ce que je me dis encore

aujourd'hui : il faut bien que moins par moins donne plus soit vrai, puisque évidemment, en employant à chaque instant cette règle dans le calcul, on arrive à des résultats *vrais et indubitables.*

Mon grand malheur était cette figure :

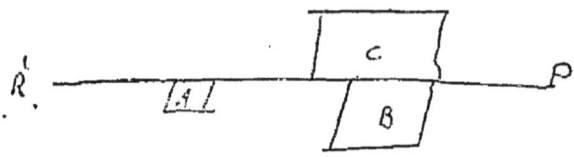

Supposons que RP soit la ligne qui sépare le positif du négatif, tout ce qui est au-dessus est positif, comme négatif tout ce qui est au-dessous ; comment, en prenant le carré B autant de fois qu'il y a d'unités dans le carré A, puis-je parvenir à faire changer de côté au carré C ?

Et, en suivant une comparaison gauche, que l'accent souverainement traînard et grenoblois de M. Chabert rendait encore plus gauche, supposons que les quantités négatives sont les dettes d'un homme, comment en multipliant 10.000 francs de dette par 500 francs, cet homme aura-t-il et parviendra-t-il à avoir une fortune de cinq millions ?

M. Dupuy et M. Chabert sont-ils des hypocrites comme les prêtres qui viennent dire la messe chez mon grand-père, et mes chères mathématiques ne sont-elles qu'une tromperie ? Je ne savais comment arriver à la vérité. Ah ! qu'alors un mot sur la logique ou l'art de *trouver la vérité* eût été avidement écouté par moi ! Quel moment pour m'expliquer la *Logique* de M. de Tracy ! Peut-être j'eusse été un autre homme, j'aurais eu une bien meilleure tête.

Je conclus, avec mes pauvres petites forces, que M. Dupuy pouvait bien être un trompeur, mais que M. Chabert était un bourgeois vaniteux qui ne pouvait comprendre qu'il existât des objections non vues par lui.

Mon père et mon grand-père avaient l'*Encyclopédie* in-folio de Diderot et d'Alembert ; c'est ou plutôt c'était, un ouvrage de sept à huit cents francs. Il faut une terrible influence pour engager un provincial à mettre un tel capital en livres, d'où je conclus, aujourd'hui, qu'il fallait qu'avant ma naissance mon père et mon grand-père eussent été tout-à-fait du parti philosophique [1].

---

1. Cette conséquence peut être fausse. Au moment où l'Encyclopédie parut, *tout le monde* en raffola. L'abbé Rochas, mon petit-oncle, dont le revenu ne dépassait probablement pas douze ou quinze cents francs, eut *son* Encyclopédie, dont les images ont commencé à me donner, le goût des gravures, tableaux, etc. Et il était fort bon prêtre, sincèrement attaché à Rome ! *Note de Colomb.*

Mon père ne me voyait feuilleter l'*Encyclopédie* qu'avec chagrin. J'avais la plus entière confiance en ce livre-là, à cause de l'éloignement de mon père et de la haine décidée qu'il inspirait aux prêtres qui fréquentaient la maison. Le grand vicaire et chanoine Rey, grande figure en papier mâché, haut de cinq pieds dix pouces, faisait une singulière grimace en prononçant de travers les noms de Diderot et de d'Alembert. Cette grimace me donnait une jouissance intime et profonde, je suis encore fort susceptible de ce genre de plaisir[1]. Je le goûtai quelquefois en 1815, en voyant les nobles refuser le courage à Nicolas Bonaparte, car alors tel était le nom de ce grand homme, et cependant dès 1807 j'avais désiré passionnément qu'il ne conquît pas l'Angleterre ; où se réfugier alors ?

Je cherchai donc à consulter les articles mathématiques de d'Alembert dans l'Encyclopédie ; leur ton de fatuité, l'absence de culte pour la vérité me choqua fort, et d'ailleurs j'y compris peu. De quelle ardeur j'adorais la vérité alors ! Avec quelle sincérité je la croyais la reine du monde, dans lequel j'allais entrer !

---

1. Qui diable pourrait s'intéresser aux simples mouvements d'un cœur décrits sans rhétorique ? Rome, avril 1836.

Je ne lui voyais absolument d'autres ennemis que les prêtres.

Si *moins par moins donne plus* m'avait donné beaucoup de chagrin, on peut penser quel noir s'empara de mon âme quand je commençai la *Statique* de Louis Monge, le frère de l'illustre Monge, et qui allait venir faire les examens pour l'Ecole polytechnique.

Au commencement de la géométrie, on dit : « On *donne le nom de* PARALLÈLES *à deux lignes qui, prolongées à l'infini, ne se rencontreraient jamais.* » Et, dès le commencement de la Statique, cet insigne animal de Louis Monge a mis à peu près ceci : *Deux lignes parallèles peuvent être considérées comme se rencontrant, si on les prolonge à l'infini.*

Je crus lire un catéchisme, et encore un des plus maladroits. Ce fut en vain que je demandai des explications à M. Chabert.

« Mon petit, dit-il en prenant cet air paterne qui va si mal au renard dauphinois, l'air d'Edouard Mounier (pair de France en 1836), mon petit, vous saurez cela plus tard. »

Et le monstre, s'approchant de son tableau en toile cirée et traçant deux lignes parallèles et très voisines, me dit :

« Vous voyez bien qu'à l'infini on peut dire qu'elles se rencontrent. »

Je faillis tout quitter. Un cafard, adroit et bon jésuite, aurait pu me convertir à ce moment en commentant cette maxime :

« Vous voyez que tout est erreur, ou plutôt qu'il n'y a rien de faux, rien de vrai, tout est de convention, adoptez les conventions qui vous feront le mieux recevoir dans le monde. Or la canaille est patriote et toujours salira ce côté de la question ; faites-vous aristocrate, comme vos parents, et nous trouverons moyen de vous envoyer à Paris et de vous recommander à des dames influentes. »

CHAPITRE 35

CELA, dit avec entraînement, je devenais un coquin et j'aurais une grande fortune aujourd'hui.

Je me figurais le monde, à treize ans, uniquement d'après les *Mémoires secrets* de Duclos et les *Mémoires* de Saint-Simon en sept volumes.

Le bonheur suprême était de vivre à Paris, faisant des livres, avec cent louis de rente. Marion me dit que mon père me laisserait davantage.

Il me semble que je me dis : *vraies ou fausses les mathématiques me sortiront de Grenoble*, de cette fange qui me fait mal au cœur.

Mais je trouve ce raisonnement bien avancé pour mon âge. Je continuai à travailler, c'aurait été un trop grand chagrin d'interrompre, mais j'étais profondément inquiet et attristé.

Enfin le hasard voulut que je visse un grand homme et que je ne devinsse pas un coquin. Ici, pour la seconde fois le *sujet surmonte le disant*. Je tâcherai de n'être pas exagéré.

Dans mon adoration pour les mathématiques, j'entendais parler depuis quelque temps d'un jeune homme, fameux Jacobin, grand et intrépide chasseur, et qui savait les mathématiques bien mieux que MM. Dupuy et Chabert, mais qui n'en faisait pas métier. Seulement, comme il était fort peu riche, il avait donné des leçons à cet esprit faux, Anglès (depuis comte et préfet de police, enrichi par Louis XVIII à l'époque des emprunts).

Mais j'étais timide, comment oser l'aborder ? Mais ensuite, ses leçons étaient horriblement chères, douze sous par leçons, comment payer ? (Ce prix me paraît trop ridicule ; c'était peut-être vingt-quatre ou quarante sous).

Je contai tout cela avec plénitude de cœur à ma bonne tante Elisabeth, qui peut-être alors avait quatre-vingts ans, mais son excellent cœur et sa meilleure tête, s'il est possible, n'avaient que trente ans. Généreusement elle me donna beaucoup d'écus de six francs. Mais ce n'était pas l'argent qui devait coûter à cette âme : remplie de l'orgueil le plus juste et le plus délicat, il fallait que je prisse ces leçons en *cachette de mon père* ; et à quels reproches fondés, légitimes ne s'exposait-elle pas ? Séraphie vivait-elle encore ? Je ne répondrais pas du contraire. Cependant, j'étais bien enfant à la mort de ma tante Séraphie, car, en apprenant sa mort dans la cuisine, vis-à-vis de l'armoire de Marion,

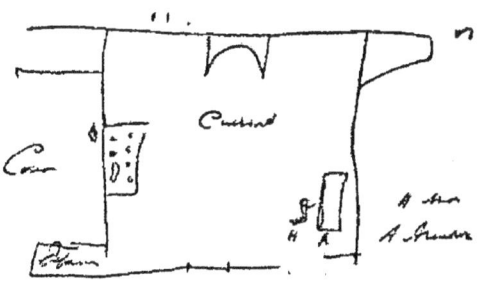

je me jetai à genoux pour remercier Dieu d'une si grande délivrance.

Cet événement, les écus donnés si noblement par ma tante Elisabeth pour me faire prendre en secret des leçons de cet affreux Jacobin, m'a empêché à tout jamais d'être un coquin. Voir un homme sur le modèle des Grecs et des Romains, et vouloir mourir plutôt que de n'être pas comme lui, ne fut qu'un moment : *punto* (*Non sia* **che** *un punto* (Alfieri).

Je ne sais comment moi, si timide, je me rapprochai de M. Gros. (La fresque est tombée en cet endroit, et je ne serais qu'un plat romancier, comme Don Rugiero Caetani, si j'entreprenais d'y suppléer.

Allusion aux fresques du Campo-Santo de Pise et à leur état actuel.)

Sans savoir comment j'y suis arrivé, je me vois dans la petite chambre que Gros occupait à Saint-Laurent, le quartier le plus ancien et le plus pauvre de la ville ; c'est une longue et étroite rue, serrée entre la montagne et la rivière. Je n'entrai pas seul dans cette petite chambre, mais quel était mon compagnon d'étude ?

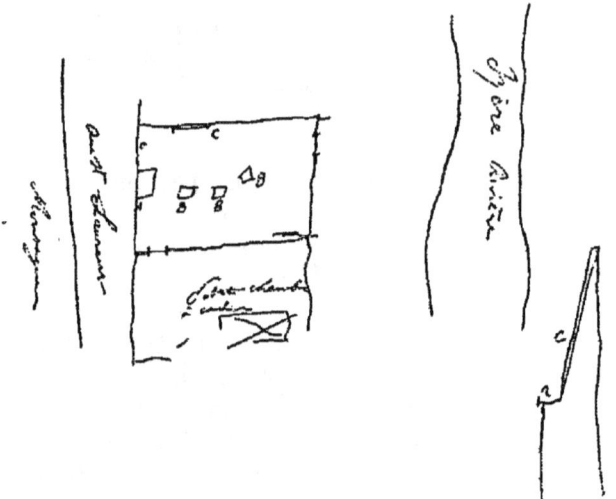

F. Fenêtre sur la rue au nord. — A. Petite table. — BB. Chaises pour nous. — C. Petit mauvais tableau en toile cirée. — C. Coupe de ce mauvais tableau. — R. Rebord où il y avait de la mauvaise craie blanche qui s'écrasait sous le doigt en écrivant sur le tableau. Je n'ai jamais rien vu de si pitoyable.

Etait-ce Cheminade ? Là-dessus, oubli le plus complet, toute l'attention de l'âme était apparemment pour Gros. (Ce grand homme est mort depuis si longtemps que je crois pouvoir lui ôter le Monsieur.)

C'était un jeune homme d'un blond foncé, fort actif, mais fort gros, il pouvait avoir vingt-cinq à vingt-six ans ; ses cheveux étaient extrêmement bouclés et assez longs, il était vêtu d'une redingote[1] et nous dit :

« Citoyen, par où commençons-nous ? il faudrait savoir ce que vous savez déjà.

— Mais nous savons les équations du second degré. »

Et, en homme de sens, il se mit à nous montrer ces équations, c'est-à-dire la formation d'un carré de $a + b$, par exemple, qu'il nous fit élever à la seconde puissance : $a^2 + 2\,ab + b^2$, la supposition que le premier membre de l'équation était un commencement de carré, le complément de ce carré, etc., etc., etc.

C'étaient les cieux ouverts pour nous, ou du moins pour moi. Je voyais enfin le pourquoi des choses, ce n'était plus une

---

1. Gros était plus que négligé dans sa toilette ; je l'ai vu 'ors de mon examen au cours d'histoire ancienne dans l'été (1797 ou 1798), avec un pantalon large en nankin et *sans bas*. Autant que je puis m'en souvenir, il faisait payer chaque leçon 3 fr. ; somme énorme, si on considère la valeur de l'argent à Grenoble à cette époque. *Note de Colomb.*

recette d'apothicaire tombée du ciel pour résoudre les équations.

J'avais un plaisir vif, analogue à celui de lire un roman entraînant. Il faut avouer que tout ce que Gros nous dit sur les équations du second degré était à peu près dans l'ignoble Bezout, mais là notre œil ne daignait pas le voir. Cela était si platement exposé que je ne me donnais la peine d'y faire attention.

A la troisième ou quatrième leçon, nous passâmes aux équations du troisième degré, et là Gros fut entièrement neuf. Il me semble qu'il nous transportait d'emblée à la frontière de la science et vis-à-vis la difficulté à vaincre, ou devant le voile qu'il s'agissait de soulever. Par exemple, il nous montrait l'une après l'autre les diverses manières de résoudre les équations du troisième degré, quels avaient été les premiers essais de *Cardan* peut-être, ensuite les progrès, et enfin la méthode présente.

Nous fûmes fort étonnés qu'il ne nous fît pas démontrer la même proposition l'un après l'autre. Dès qu'une chose était bien comprise, il passait à une autre.

Sans que Gros fût le moins du monde charlatan, il avait l'effet de cette qualité si utile dans un professeur, comme dans un général en chef, il occupait toute mon âme. Je l'adorais et le respectais tant que peut-être je lui déplus. J'ai rencontré si souvent cet effet désagréable et surprenant que c'est peut-être par une erreur de mémoire que je l'attribue à la première de mes passions d'admiration. J'ai déplu à M. de Tracy et à Madame Pasta pour les admirer avec trop d'enthousiasme.

Un jour de grandes nouvelles, nous parlâmes politique toute la leçon et à la fin il ne voulut pas de notre argent. J'étais tellement accoutumé au genre sordide des professeurs dauphinois, MM. Chabert, Durand etc., que ce trait fort simple redoubla mon admiration et mon enthousiasme. Il me semble, à cette occasion, que nous étions trois, peut-être Cheminade, Félix Faure et moi, et il me semble aussi que nous mettions, sur la petite table A, chacun une pièce de douze sous.

Je ne me souviens presque de rien pour les deux dernières années 1798 et 1799. La passion pour les mathématiques absorbait tellement mon temps que Félix Faure m'a dit que je portais alors mes cheveux trop longs, tant je *plaignais* la demi-heure qu'il faudrait perdre pour les faire couper.

Vers la fin de l'été 1799, mon cœur de citoyen était navré de nos défaites en

Italie, Novi et les autres, qui causaient à mes parents une vive joie, mêlée cependant d'inquiétude. Mon grand-père plus raisonnable aurait voulu que les Russes et les Autrichiens n'arrivâssent pas à Grenoble. Mais à vrai dire je ne puis presque parler de ces vœux de ma famille que par supposition, l'espoir de la quitter bientôt et l'amour vif et direct pour les mathématiques m'absorbaient au point de ne plus donner que bien peu d'attention aux discours de mes parents. Je ne me disais pas distinctement peut-être, mais je sentais ceci : Au point où j'en suis, que me font ces radotages !

Bientôt, une crainte égoïste vint se mêler à mon chagrin de citoyen. Je craignais qu'à cause de l'approche des Russes il n'y eût pas d'examen à Grenoble.

Bonaparte débarqua à Fréjus. Je m'accuse d'avoir eu ce désir sincère : ce jeune Bonaparte, que je me figurais un beau jeune homme comme un colonel d'opéra-comique, devrait se faire roi de France.

Ce mot ne réveillait en moi que des idées brillantes et généreuses. Cette plate erreur était le fruit de ma plus plate éducation. Mes parents étaient comme des domestiques à l'égard du Roi. Au seul nom de Roi et de Bourbon, les larmes leur venaient aux yeux.

Je ne sais pas si, ce plat sentiment, je l'eus en 1797, en me délectant au récit des batailles de Lodi, d'Arcole, etc., etc., qui désolaient mes parents qui longtemps cherchèrent à ne pas y croire, ou si je l'eus en 1799, à la nouvelle du débarquement de Fréjus. Je penche pour 1797.

Dans le fait, l'approche de l'ennemi fit que M. Louis Monge, examinateur de l'Ecole polytechnique, ne vint pas à Grenoble. Il faudra que nous allions à Paris, dîmes-nous tous. Mais, pensais-je, comment obtenir un tel voyage de mes parents ? Aller dans la Babylone moderne, dans la ville de la corruption, à seize ans et demi ! Je fus extrêmement agité, mais je n'ai aucun souvenir distinct.

Les examens du cours de mathématiques de M. Dupuy arrivèrent et ce fut un triomphe pour moi.

Je remportai le premier prix sur huit ou neuf jeunes gens, la plupart plus âgés et plus protégés que moi, et qui tous, deux mois plus tard, furent reçus élèves de l'Ecole polytechnique.

Je fus éloquent au tableau, c'est que je parlais d'une chose à laquelle je réfléchissais passionnément depuis quinze mois au moins et que j'étudiais depuis trois ans, (à vérifier, depuis l'ouverture du cours de M. Dupuy dans la salle du rez-de-chaussée de l'Ecole centrale). M. Dausse, homme obstiné et savant, voyant que je savais, me fit les questions les plus difficiles et les plus propres à embarrasser. C'était un homme d'un aspect terrible et jamais encourageant. (Il ressemblait à Domeniconi, un excellent acteur que j'admire à *Valle* en Janvier 1836.)

M. Dausse, ingénieur en chef, ami de mon grand-père (qui était présent à mon examen et avec délices), ajouta au premier prix un volume in-4º d'Euler. Peut-être ce don fut-il fait en 1798, année à la fin de laquelle je remportai aussi le premier prix de mathématiques. (Le cours de M. Dupuy se composait de deux années, ou même de trois.)

Aussitôt après l'examen, le soir, ou plutôt le soir du jour que mon nom fut affiché avec tant de gloire, (« Mais à cause de la façon dont le citoyen Beyle a répondu, de l'exactitude, de la facilité brillante... », c'est le dernier effort de la politique de M. Dupuy : sous prétexte de ne pas nuire à mes sept ou huit camarades, le plus fort avait été de leur faire obtenir le premier prix, sous prétexte de ne pas leur nuire pour l'admission à l'Ecole polytechnique, mais M. Dausse, entêté en diable, fit mettre dans le procès-verbal, et par conséquent imprimer, une phrase

comme la précédente), je me vois passant dans le bois du Jardin de Ville, entre la statue d'Hercule et la grille, avec Bigillion

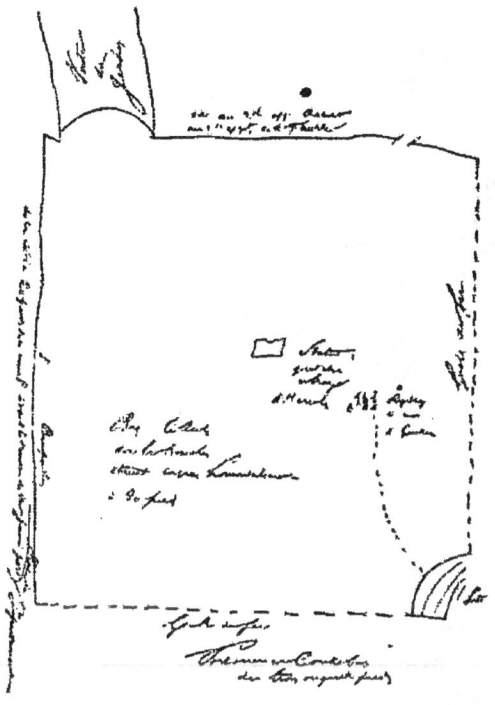

et deux ou trois autres, enivrés de mon triomphe, car tout le monde le trouva juste et on voyait bien que M. Dupuy ne m'aimait pas ; le bruit des leçons que j'étais allé prendre de ce jacobin de Gros, moi qui avais l'avantage de suivre son cours, de lui M. Dupuy, n'était pas fait pour me réconcilier avec lui.

Donc, passant là, je disais à Bigillion, en philosophant comme notre habitude :

— En ce moment, on pardonnerait à tous ses ennemis.

— Au contraire, dit Bigillion, on s'approcherait d'eux pour les vaincre.

La joie m'enivrait un peu, il est vrai, et je faisais des raisonnements pour la cacher, cependant au fond cette réponse marque la profonde bassesse de Bigillion plus terre à terre que moi, et, en même temps, l'exaltation espagnole à laquelle j'eus le malheur d'être sujet toute ma vie.

Je vois des circonstances : Bigillion, mes compagnons et moi, nous venions de lire l'affiche avec la phrase sur moi.

Sous la voûte du concert, le procès-verbal des examens, signé des membres de l'administration départementale, était affiché à la porte de la Salle des Concerts.

Après cet examen triomphant, j'allai à Claix. Ma santé avait un besoin impérieux de repos. Mais j'avais une inquiétude nouvelle à laquelle je rêvais dans le petit bois de Doyatières et dans les broussailles des îlots, le long du Drac et de la pente à 45 degrés de Comboire (je ne portais plus un fusil que pour la forme). Mon père me donnerait-il de l'argent pour aller m'engouffrer dans la nouvelle Babylone, dans ce centre d'immoralité, à seize ans et demi ?

Ici encore, l'excès de la passion, de

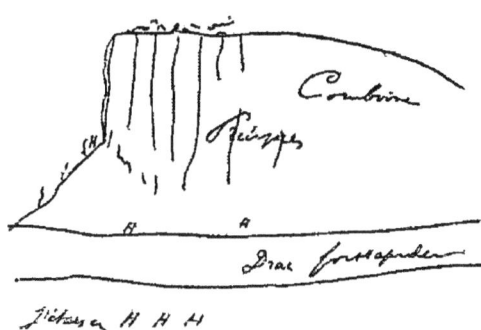

l'émotion a détruit tout souvenir. Je ne sais nullement comment mon départ s'arrangea.

Il fut question d'un second examen par M. Dupuy, j'étais harassé, excédé de travail, réellement les forces étaient à bout. Repasser l'arithmétique, la géométrie, la trigonométrie, l'algèbre, les sections coniques, la statique, de façon à subir un nouvel examen, était une atroce corvée. Réellement, je n'en pouvais plus. Ce nouvel effort, auquel je m'attendais bien, mais en décembre, m'aurait fait prendre en horreur mes chères mathématiques. Heureusement, la paresse de M. Dupuy, occupé de ses vendanges de Noyarey, vint au secours de la mienne. Il me dit en me tutoyant, ce qui était le grand signe de faveur, qu'il connaissait parfaitement ce que je savais, qu'un nouvel examen était inutile, et il me donna d'un air digne et sacerdotal un superbe certificat certifiant une fausseté, à savoir qu'il m'avait fait subir un nouvel examen pour mon admission à l'Ecole polytechnique et que je m'en étais tiré supérieurement.

Mon oncle me donna deux ou quatre louis d'or que je refusai. Probablement mon excellent grand-père et ma tante Elisabeth me firent des cadeaux, dont je n'ai aucune mémoire.

Mon départ fut arrangé avec un M. Rosset[1], connaissance de mon père, et qui retournait à Paris où il était établi.

Ce que je vais dire n'est pas beau. Au moment précis du départ, attendant la voiture, mon père reçut mes adieux au Jardin de Ville, sous les fenêtres des maisons faisant face à la rue Montorge.

Il pleuvait un peu. La seule impression

---

1. Stendhal l'appellera plus loin M. Sorel. N. D. L. E.

que me firent ses larmes fut de le trouver bien laid. Si le lecteur me prend en horreur qu'il daigne se souvenir des centaines de promenades forcées aux Granges avec ma tante Séraphie, des promenades où l'on me forçait, *pour me faire plaisir.* C'est cette hypocrisie qui m'irritait le plus et qui m'a fait prendre ce vice en exécration.

L'émotion m'a ôté absolument tout souvenir de mon voyage avec M. Rosset, de Grenoble à Lyon, et de Lyon à Nemours.

C'était dans les premiers jours de novembre 1799, car à Nemours, à vingt ou vingt-cinq lieues de Paris, nous apprîmes les événements du 18 brumaire (ou 9 novembre 1799), qui avaient eu lieu la veille.

Nous les apprîmes le soir, je n'y comprenais pas grand chose, et j'étais enchanté que le jeune général Bonaparte se fit roi de France. Mon grand-père parlait souvent et avec enthousiasme de Philippe-Auguste et de Bouvines, tout roi de France était à mes yeux un Philippe-Auguste, un Louis XIV ou un voluptueux Louis XV, comme je l'avais vu dans les *Mémoires secrets* de Duclos.

La volupté ne gâtait rien à mon imagination. Mon idée fixe, en arrivant à Paris, l'idée à laquelle je revenais quatre ou cinq fois le jour, en sortant à la tombée de la nuit, à ce moment de rêverie, était qu'une jolie femme, une femme de Paris, bien autrement belle que Mlle Cubly ou ma pauvre Victorine, verserait en ma présence ou tomberait dans quelque grand danger duquel je la sauverais, et je devais partir de là pour être son amant. Ma raison était une raison de chasseur.

Je l'aimerais avec tant de transports que je dois la trouver !

Cette folie, jamais avouée à personne, a peut-être duré six ans. Je ne fus un peu guéri que par la sécheresse des dames de la cour de Brunswick, au milieu desquelles je débutai, en novembre 1806.

CHAPITRE 36

PARIS

M. Rosset me déposa dans un hôtel à l'angle des rues de Bourgogne et Saint-Dominique ; on y entrait par la rue Saint-Dominique, on voulait me mettre près de l'Ecole polytechnique où l'on croyait que j'allais entrer.

Je fus fort étonné du son des cloches qui sonnaient l'heure. Les environs de Paris m'avaient semblé horriblement laids, il n'y avait point de montagnes ! Ce dégoût augmenta rapidement les jours suivants.

Je quittai l'hôtel et par économie pris une chambre sur le quinconce des Invalides, je fus un peu recueilli et guidé par les *mathématiciens* qui l'année précédente étaient entrés à l'Ecole. Il fallut les aller voir.

Il fallut aller voir aussi mon cousin Daru.

C'était exactement la première visite que je faisais de ma vie.

M. Daru, homme du monde, âgé de quelque soixante-cinq ans, dut être bien scandalisé de ma gaucherie et cette gaucherie dut être bien dépourvue de grâce.

J'arrivais à Paris avec le projet arrêté d'être un séducteur de femmes, ce que j'appellerais aujourd'hui un *Don Juan* (d'après l'opéra de Mozart).

M. Daru avait été longtemps secrétaire général de M. de Saint-Priest, intendant du Languedoc, qui forme, ce me semble, sept départements aujourd'hui. On peut avoir vu dans les histoires que le fameux Basville, ce sombre tyran, avait été intendant ou plutôt roi du Languedoc de 1685 à 1710 peut-être. C'était un pays d'Etat, ce vestige de discussion publique et de liberté exigeait un secrétaire général habile sous un intendant espèce de grand seigneur comme M. de Saint-Priest, qui fut peut-être intendant de 1775 à 1786.

M. Daru, sorti de Grenoble, fils d'un bourgeois prétendant à la noblesse, mais pauvre par orgueil comme toute ma famille, était le fils de ses œuvres, et sans voler avait peut-être réuni quatre à cinq cent mille francs. Il avait traversé la Révolution avec adresse, et sans se laisser aveugler par l'amour ou la haine qu'il pouvait avoir pour les préjugés, la noblesse et le clergé. C'était un homme sans passion autre que l'*utile* de la vanité ou la vanité de l'utile, je l'ai vu trop d'en bas pour discerner lequel. Il avait acheté une maison rue de Lille, n° 505, au coin de la rue de Bellechasse, dont il n'occupait modestement que le petit appartement au-dessus de la porte cochère.

Le premier au fond de la cour était loué à Mme Rebuffel, femme d'un négociant du premier mérite, et homme à caractère et à âme chaude, tout le contraire de M. Daru. M. Rebuffel, neveu de M. Daru, lequel s'accommodait, par son caractère pliant et tout à tous, de son oncle.

M. Rebuffel venait chaque jour passer un quart d'heure avec sa femme et sa fille Adèle, et du reste vivait rue Saint-Denis, à sa maison de commission, commerce, avec Mlle Barberen son associée et sa maîtresse, fille active, commune, de trente ou trente-cinq ans, qui m'avait fort la mine de faire des scènes et des cornes à son amant et de le désennuyer ferme.

Je fus accueilli avec affection et ouverture de cœur par l'excellent M. Rebuffel, tandis que M. Daru le père me reçut avec des phrases d'affection et de dévouement pour mon grand-père, qui me serraient le cœur, et me rendaient muet.

M. Daru était un grand et assez beau vieillard avec un grand nez, chose assez rare en Dauphiné ; il avait un œil un peu de travers et l'air assez faux. Il avait avec lui une petite vieille toute ratatinée, toute provinciale, qui était sa femme, il l'avait épousée jadis à cause de sa fortune qui était considérable et du reste elle n'osait pas souffler devant lui.

Mme Daru était bonne au fond, et fort polie, avec un petit air de dignité convenable à une sous-préfète de province. Du reste je n'ai jamais rencontré d'être qui fût plus complètement privé du feu céleste. Rien au monde n'aurait pu émouvoir cette âme pour quelque chose de noble et de généreux. La prudence la plus égoïste, et dont on se glorifie, occupe chez ces sortes d'âmes la possibilité, la place de l'émotion colérique ou généreuse.

Cette disposition prudente, sage, mais peu aimable, formait le caractère de son fils aîné, M. le comte Daru, ministre secrétaire d'Etat de Napoléon, qui a tant influé sur ma vie, de Mlle Sophie, depuis Mme de Baure, sourde, de Mme Le Brun, maintenant Mme la marquise de Grave. Son second fils Martial Daru n'avait ni tête ni esprit, mais un bon cœur, il lui était impossible de faire du mal à quelqu'un.

Mme Cambon, fille aînée de M. et de Mme Daru avait peut-être un caractère élevé, mais je ne fis que l'entrevoir, elle mourut quelques mois après mon arrivée à Paris.

Est-il besoin d'avertir que j'esquisse le caractère de ces personnages tel que je l'ai vu depuis ? Le trait définitif, qui me semble le vrai, m'a fait oublier tous les traits antérieurs (terme de dessin).

Je ne conserve que des images de ma première entrée dans le salon de M. Daru.

Par exemple, je vois fort bien la petite robe d'indienne rouge que portait une aimable petite fille de cinq ans, la petite-fille de M. Daru et de laquelle il s'amusait comme le vieux et ennuyé Louis XIV de Mme la duchesse de Bourgogne. Cette aimable petite fille, sans laquelle un silence morne eût régné souvent dans le petit salon de la rue de Lille, était Mlle Pulchérie Le Brun (maintenant Mme la marquise de Brossard, fort impérieuse, dit-on, avec la taille d'un tonneau, et qui commande à la baguette à son mari, M. le général de Brossard qui commande lui-même le département de la Drôme.)

M. de Brossard est un panier percé qui se prétend de la plus haute noblesse, descendant de Louis le Gros, je crois, hâbleur, finasseur, peu délicat sur les moyens de restaurer ses finances toujours en désarroi. Total : caractère de noble pauvre, c'est un vilain caractère et qui s'allie d'ordinaire à beaucoup de malheurs. (J'appelle *caractère* d'un homme sa manière habituelle d'aller à la chasse du bonheur, en termes plus clairs, mais moins qualificatifs : l'*ensemble de ses habitudes morales.*)

Mais je m'égare. J'étais bien loin de voir les choses, même physiques, aussi nettement en décembre 1799. J'étais tout émotion, et cet excès d'émotion ne m'a laissé que quelques images fort nettes, mais sans explications des comment et des pourquoi.

Ce que je vois aujourd'hui fort nettement, et qu'en 1799 je sentais fort confusément, c'est qu'à mon arrivée à Paris, deux grands objets de désirs constants et passionnés tombèrent à rien, tout à coup. J'avais adoré Paris et les mathématiques. Paris sans montagnes m'inspira un dégoût si profond qu'il allait presque jusqu'à la nostalgie. Les mathématiques ne furent plus pour moi que comme l'échafaudage du feu de joie de la veille (chose vue à Turin, le lendemain de la Saint-Jean 1802).

J'étais tourmenté par ces changements dont je ne voyais, bien entendu, à seize ans et demi, ni le *pourquoi* ni le *comment*.

Dans le fait, je n'avais aimé Paris que par dégoût profond pour Grenoble.

Quant aux mathématiques, elles n'avaient été qu'un moyen. Je les haïssais même un peu en novembre 1799, car je les craignais. J'étais résolu à ne pas me faire examiner à Paris, comme firent les sept ou huit élèves qui avaient remporté le premier prix, après moi, à l'Ecole Centrale, et qui tous furent reçus. Or, si mon père avait pris quelque soin, il m'eût forcé à cet examen, je serais entré à l'Ecole, et je ne pouvais plus *vivre à Paris en faisant des comédies*.

De toutes mes passions, c'était la seule qui me restât.

Je ne conçois pas, et cette idée me vient pour la première fois trente-sept ans après les événements, en écrivant ceci, je ne conçois pas comment mon père ne me força pas à me faire examiner. Probablement il se fiait à l'extrême passion qu'il m'avait vue pour les mathématiques. Mon père d'ailleurs n'était ému que de ce qui était près de lui. J'avais cependant une peur du diable d'être forcé à entrer à l'Ecole, et j'attendais avec la dernière impatience l'annonce de l'ouverture des cours. En *sciences exactes*, il est impossible de prendre un cours à la troisième leçon.

Venons aux images qui me restent.

Je me vois prenant mon dîner seul et délaissé, dans une chambre économique que j'avais louée sur le quinconce des Invalides, au bout entre l'extrémité (de ce côté du quinconce) des rues de l'Université et Saint-Dominique, à deux pas de cet hôtel de la liste civile de l'Empereur où je devais quelques années plus tard jouer un rôle si différent.

Le profond désappointement de trouver Paris peu aimable m'avait embarrassé l'estomac. La boue de Paris, l'absence de montagnes, la vue de tant de gens occupés passant rapidement dans de belles voitures à côté de moi, comme des personnes n'ayant rien à faire, me donnaient un chagrin profond.

Un médecin qui se fût donné la peine d'étudier mon état, assurément peu compliqué, m'eût donné de l'émétique et ordonné d'aller tous les trois jours à Versailles ou à Saint-Germain.

Je tombai dans les mains d'un insigne charlatan et encore plus ignorant, c'était un chirurgien d'armée, fort maigre, établi dans les environs des Invalides, quartier alors fort misérable, et dont l'office était de soigner les blennorrhagies des élèves de l'Ecole Polytechnique. Il me donna des médecines noires que je prenais seul et abandonné dans ma chambre, qui n'avait qu'une fenêtre à sept ou huit pieds d'élévation, comme une prison. Là, je me vois tristement assis à côté d'un petit poêle de fer, ma tisane posée par terre.

Mais mon plus grand mal en cet état était cette idée qui revenait sans cesse : Grand Dieu ! quel mécompte ! mais que dois-je donc désirer ?

CHAPITRE 37

Il faut convenir que la chute était grande, affreuse. Et c'était un jeune homme de seize ans et demi, une des âmes les moins raisonnables et les plus susceptibles d'émotion que j'aie jamais rencontrées qui l'éprouvait !

Je n'avais confiance en personne.

J'avais entendu les prêtres de Séraphie et de mon père se *glorifier* de la facilité avec laquelle ils menaient, c'est-à-dire ils trompaient, telle personne ou telle réunion de personnes.

La religion me semblait une machine noire et puissante, j'avais encore quelque croyance en l'enfer, mais aucune en ses prêtres. Les images de l'enfer que j'avais vues dans la Bible in-8° reliée en parchemin vert, avec figures, et dans les éditions du Dante de ma pauvre mère me faisaient horreur ; mais pour les prêtres, néant. J'étais loin de voir ce qu'elle est en réalité, une corporation puissante et à laquelle il est si avantageux d'être affilié, témoin mon contemporain et compatriote le jeune Genoude qui, sans bas, m'a souvent servi du café au café Genoude, au coin de la Grande-Rue et de la rue du Département[1], et qui depuis vingt ans est à Paris M. de Genoude.

Je n'avais pour appui que mon bon sens et ma croyance dans l'*esprit d'Helvétius*. Je dis *croyance* exprès ; élevé sous une machine pneumatique, saisi d'ambition, à peine émancipé par mon envoi à l'Ecole centrale ; Helvétius ne pouvait être pour moi que *prédiction des choses que j'allais rencontrer*. J'avais confiance dans cette vague prédiction parce que deux ou trois petites prédictions, aux yeux de ma si courte expérience, s'étaient vérifiées.

Je n'étais point *ficelle*, fin, méfiant, sachant me tirer avec un excès d'adresse et de méfiance d'un marché de douze sous, comme la plupart de mes camarades, en comptant les morceaux de cotterets qui devaient former les *falourdes* fournies par l'hôte, comme les *Monval*, mes camarades, que je venais de retrouver à Paris et à l'*Ecole*, où ils étaient depuis un an. J'étais dans les rues de Paris un rêveur passionné, regardant au ciel et toujours sur le point d'être écrasé par un cabriolet.

1. Place Saint-André. *Note de Colomb*

En un mot, *je n'étais point habile aux choses de la vie*, et par conséquent je ne pouvais être apprécié comme dit ce matin je ne sais quel journal de 1836, en style de journal qui veut faire illusion sur la pensée nulle ou puérile par l'insolite du style.

Voir cette vérité sur mon compte eût été être habile aux choses de la vie.

Les Monval me donnaient des avis fort sages tendant à ne pas me laisser voler deux ou trois sous par jour, et leurs idées me faisaient horreur, ils devaient me trouver un imbécile sur le chemin des Petites-Maisons. Il est vrai que, par orgueil, j'exprimais peu mes idées. Il me semble que ce furent les *Monvaux*, ou d'autres élèves arrivés un an auparavant à l'Ecole, qui me procurèrent ma chambre et mon médecin à bon marché.

Fut-ce Sinard ? Etait-il mort de la poitrine à Grenoble un an avant, ou n'y mourut-il qu'un an ou deux ans après ?

Au milieu de ces amis, ou plutôt de ces enfants remplis de bon sens et disputant trois sous par jour à l'hôte qui sur chacun de nous, pauvres diables gagnait peut-être légitimement huit sous par jour et en volait trois, total : onze sous, *j'étais plongé dans des extases involontaires, dans des rêveries interminables, dans des inven-*

lions infinies[1] (comme dit le journal *avec importance*).

J'avais ma liste des liens combattant les passions, par exemple : *prêtre* et *amour*, *père* et *amour de la Patrie*, ou *Brutus*, qui me semblait la clef du sublime en littérature. Cela était tout-à-fait inventé par moi. Je l'ai oublié depuis vingt-six ans peut-être, il faut que j'y revienne.

J'étais constamment, profondément ému. Que dois-je donc aimer, si Paris ne ne me plaît pas ? Je me répondais : « Une charmante femme, versant à dix pas de moi ; je la relèverai et nous nous adorerons, elle connaîtra mon âme et verra combien je suis différent des *Monvaux*. »

Mais cette réponse, étant du plus grand sérieux, je me la faisais deux ou trois fois le jour, et surtout *à la tombée de la nuit*, qui souvent pour moi est encore un moment d'émotion tendre, je suis disposé à embrasser ma maîtresse les larmes aux yeux (quand j'en ai).

Mais j'étais un être constamment ému et ne songeant jamais que dans de rares moments de colère à empêcher notre hôtesse de me voler trois sous sur les *falourdes*.

Oserai-je le dire ? Mais peut-être c'est

---

[1]. Chatterton de M. de Vigny, p. 9.

faux, *j'étais un poète*. Non pas, il est vrai, comme cet aimable abbé Delille que je connus deux ou trois ans après par Cheminade (rue des Francs-Bourgeois, au Marais), mais comme le Tasse, comme un centième du Tasse, excusez l'orgueil. Je n'avais pas cet orgueil en 1799, je ne savais pas faire un vers. Il n'y a pas quatre ans que je me dis qu'en 1799 j'étais bien près d'être un poète. Il ne me manquait que l'audace d'écrire, qu'une *cheminée* par laquelle le *génie* pût s'échapper.

Après *poète* voici le *génie*, excusez du peu.

« *Sa sensibilité est devenue trop vive : ce qui ne fait qu'effleurer les autres, le blesse jusqu'au sang.* » Tel en vérité j'étais en 1799, tel je suis encore en 1836, mais j'ai appris à cacher tout cela sous l'ironie imperceptible au vulgaire, mais que Fiore a fort bien devinée.

« *Les affections et les tendresses de sa vie sont écrasantes et disproportionnées, ses enthousiasmes excessifs l'égarent, ses sympathies sont trop vraies, ceux qu'il plaint souffrent moins que lui.* »

Ceci est à la lettre pour moi. (A l'emphase et à l'importance près (*self importance*) ce journal à raison.)

Ce qui fait marquer ma différence avec les niais importants du journal, et *qui portent leur tête comme un saint-sacrement*, c'est que je n'ai jamais cru que la société me dût la moindre chose. Helvétius me sauva de cette énorme sottise. *La société paye les services qu'elle voit.*

L'erreur et le malheur du Tasse fut de se dire : « Comment ! toute l'Italie, si riche, ne pourra pas faire une pension de deux cents sequins (2.300 francs) à son poète ! »

J'ai lu cela dans une de ses lettres.

Le Tasse ne voyait pas, faute d'Helvétius, que les cent hommes qui, sur dix millions, comprennent *le Beau* qui n'est pas imitation ou perfectionnement du *Beau* déjà compris par le vulgaire, ont besoin de vingt ou trente ans pour persuader aux vingt mille âmes, les plus sensibles après les leurs, que ce nouveau Beau est réellement beau.

J'observerai qu'il y a exception quand l'esprit de parti s'en mêle. M. de Lamartine a fait peut-être en sa vie deux cents beaux vers. Le parti ultra, vers 1818, étant accusé de *bêtise* (on les appelait M. de la Jobardière), sa vanité blessée vanta l'œuvre d'un noble avec la force de l'irruption d'un lac orageux qui renverse sa digue[1].

Je n'ai donc jamais eu l'idée que les hommes fussent injustes envers moi. Je trouve souverainement ridicule le

1. Vrai. Le pouvoir déclare qu'il est étranger à l'intelligence dont il a ombrage.

malheur de tous nos soi-disant poètes, qui se nourrissent de cette idée et qui blâment les contemporains de Cervantès et du Tasse.

Il me semble que mon père me donnait alors cent francs par mois, ou cent cinquante francs. C'était un trésor ; je ne songeais nullement à manquer d'argent, par conséquent je ne songeais nullement à l'argent.

Ce qui me manquait, c'était un cœur aimant, c'était une femme.

Les filles me faisaient horreur. Quoi de plus simple que de faire comme aujourd'hui, prendre une jolie fille pour un louis, rue des Moulins ?

Les louis ne me manquaient pas. Sans doute mon grand-père et ma grand'tante Elisabeth m'en avaient donné, et je ne les avais certainement pas dépensés. Mais le sourire d'un cœur aimant ! mais le regard de Mlle Victorine Bigillion !

Tous les contes gais, exagérant la corruption et l'avidité des filles, que me faisaient les mathématiciens, qui alors faisaient fonctions d'amis autour de moi, me faisaient mal au cœur.

Ils parlaient des *pierreuses*, des filles à deux sous, sur les pierres de taille, à deux cents pas de la porte de notre chétive maison.

Un cœur ami, voilà ce qui me manquait.
M. Sorel m'invitait à dîner quelquefois,
M. Daru aussi, je suppose, mais je trouvais

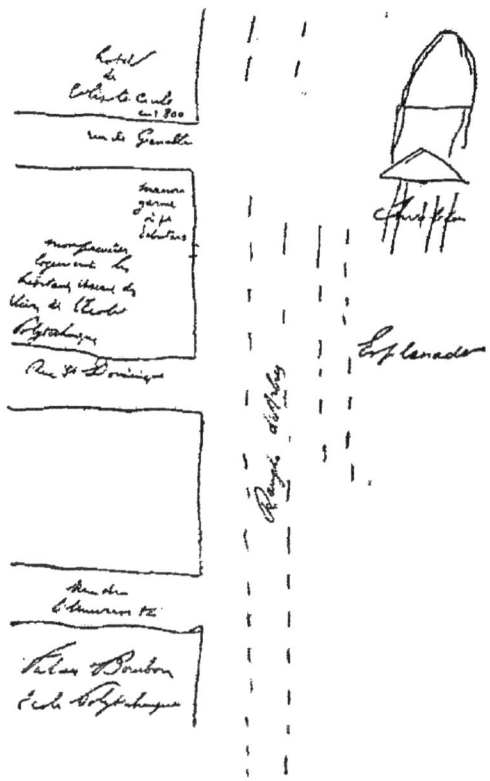

ces hommes si loin de mes extases sublimes,
j'étais si timide par vanité, surtout avec
les femmes, que je ne disais rien.

Une femme ? une fille ? dit Chérubin. A la beauté près j'étais Chérubin, j'avais des cheveux noirs très frisés et des yeux dont le feu faisait peur.

L' Homme que j'aime, ou : *Mon amant est laid, mais personne ne lui reprochera jamais sa laideur, il a tant d'esprit !* Voilà ce que disait vers ce temps, Mlle Victorine Bigillion à Félix Faure, qui ne sut que longues années après de qui il s'agissait.

Il tourmentait un jour sa jolie voisine, Mlle Victorine Bigillion, sur son indifférence. Il me semble que Michel ou Frédéric Faure, ou lui Félix, voulait faire la cour à Mlle Victorine.

(Félix Faure, pair de France, premier Président de la Cour royale de Grenoble, être plat et *physique usé*.

Frédéric Faure, Dauphinois fin, exempt de toute générosité, de l'esprit, mort capitaine d'artillerie à Valence.

Michel, encore plus fin, encore plus Dauphinois, peut-être peu brave, capitaine de la garde impériale, connu par moi à Vienne en 1809, directeur du dépôt de mendicité à Saint-Robert près Grenoble, (dont j'ai fait M. Valenod, dans le *Rouge*). Bigillion, excellent cœur, honnête homme, fort économe, greffier en chef du Tribunal de Première Instance, s'est tué vers 1827, ennuyé, je crois d'être cocu, mais sans colère contre sa femme.)

Je ne veux pas me peindre comme un amant malheureux à mon arrivée à Paris, en novembre 1799, ni même comme un amant. J'étais trop occupé du monde et de ce que j'allais faire dans ce monde si inconnu pour moi.

Ce problème était ma maîtresse, de là mon idée que l'amour, avant un état et le début dans le monde, ne peut pas être dévoué et entier comme l'amour chez un être qui se figure savoir ce que c'est que le monde.

Cependant, souvent je rêvais avec transport à nos montagnes du Dauphiné ; et Mlle Victorine passait plusieurs mois, chaque année, à la Grande-Chartreuse, où ses ancêtres avaient reçu Saint-Bruno en 1100. La Grande-Chartreuse était la seule montagne que je connusse ; il me semble que j'y étais déjà allé une ou deux fois avec Bigillion et Rémy.

J'avais un souvenir tendre de Mlle Victorine, mais je ne doutais pas un instant qu'une jeune fille de Paris ne lui fût cent fois supérieure. Toutefois, le premier aspect de Paris me déplaisait souverainement.

Ce déplaisir profond, ce désenchantement, réunis à un estimable médecin, me rendirent, ce me semble, assez malade. Je ne pouvais plus manger.

M. Daru me fit-il soigner dans cette première maladie ?

Tout à coup, je me vois dans une chambre au troisième étage, donnant sur la rue du Bac ; on entrait dans ce logement par le passage Sainte - Marie, aujourd'hui si embelli et si changé. Ma chambre était

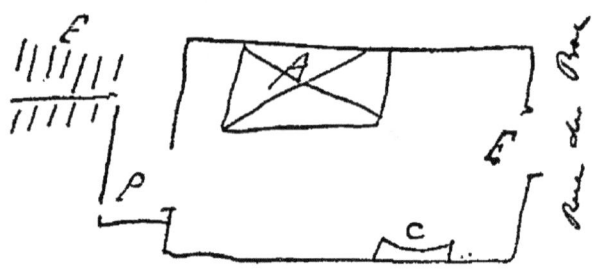

A. Lit où je faillis mourir. — E. Escalier indigne. — C. Cheminée. — F. Fenêtre en mansarde sur la rue du Bac.

une mansarde et le dernier étage de l'escalier indigne.

Il faut que je fusse bien malade, car M. Daru père m'amena le fameux docteur Portal, dont la figure m'effraya. Elle avait l'air de se résigner en voyant un cadavre. J'eus une garde, chose bien nouvelle pour moi.

J'ai appris depuis que je fus menacé d'une hydropisie de poitrine. J'eus, je pense, du délire, et je fus bien trois semaines ou un mois au lit.

Félix Faure venait me voir, ce mesemble. Je crois qu'il m'a conté et en y pensant j'en suis sûr, que, dans le délire, je l'exhortais, lui qui faisait fort bien des armes, à retourner à Grenoble et appeler en duel ceux qui se moqueraient de nous parce que nous n'étions pas entrés à l'École Polytechnique. Si je reparle jamais à ce juge des prisonniers d'avril, lui faire des questions sur notre vie de 1799. Cette âme froide, timide et égoïste doit avoir des souvenirs exacts, d'ailleurs il doit être de deux ans plus âgé que moi et être né vers 1781.

Je vois deux ou trois images de la convalescence.

Ma garde-malade me faisait le pot-au-feu, près de ma cheminée, ce qui me semblait *bas*, et l'on me recommandait fort de ne pas prendre froid ; comme j'étais souverainement ennuyé d'être au lit, je prenais garde aux recommandations. Les détails de la vie physique de Paris me choquaient.

Sans aucun intervalle après la maladie je me vois logé dans une chambre au second étage de la maison de M. Daru, rue de Lille (ou de Bourbon, quand il y a des Bourbons en France), nº 505. Cette chambre donnait sur quatre jardins, elle était assez vaste, un peu en mansarde ; le... entre les deux fenêtres était incliné à quarante-cinq degrés [1].

Cette chambre me convenait fort. Je fis un cahier de papier pour écrire des comédies.

Ce fut à cette époque, je crois, que j'osai aller chez M. Cailhava pour acheter un exemplaire de son *art de la comédie*, que je ne trouvais chez aucun libraire. Je déterrai ce vieux garçon dans une chambre du Louvre, je crois. Il me dit que son livre était mal écrit, ce que je niais bravement. Il dut me prendre pour un fou.

Je n'ai jamais trouvé qu'une idée dans ce diable de livre, et encore elle n'était pas de Cailhava, mais bien de Bacon. Mais n'est-ce rien qu'une idée, dans un livre ? Il s'agit de la définition du *rire*.

Ma cohabitation passionnée avec les mathématiques m'a laissé un amour fou pour les bonnes *définitions*, sans lesquelles il n'y a que des à peu près [2].

---

1. Le n° 505 ne me paraît pas probable dans une rue composée, en grande partie, d'hôtels. *Note de Colomb.*

2. Travail : le 2 février 1836, pluie infâme, de midi à 3 heures, écrit 26 pages et parcouru 50 pages de *Chatterton*. Diri et Sandre, pas pu finir *Chatterton*.

Dieu ! que Diri est bête ! quel animal ! prenant tout en mal.

3 février 1836. Ce soir, le *Barbier* à Valle, avec une comédie de Scribe par Bettini.

CHAPITRE 38

Mais une fois l'art de la comédie sur ma table, j'agitai sérieusement cette grande question : devais-je me faire compositeur d'opéras, comme Grétry ? ou faiseur de comédies ?

A peine je connaissais les notes (M. Men-

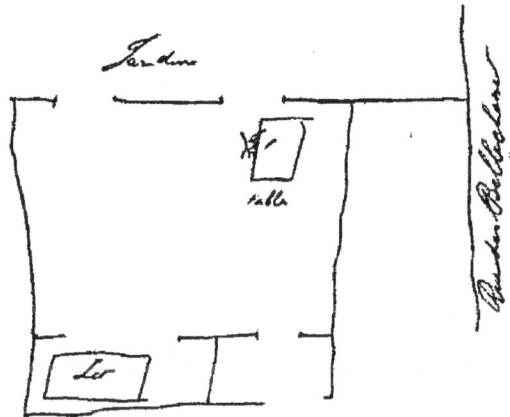

tion m'avait renvoyé comme indigne de jouer du violon), mais je me disais : les notes ne sont que l'art d'écrire les idées, l'essentiel est d'en avoir. Et je croyais en avoir. Ce qu'il y a de plaisant, c'est que je le crois encore aujourd'hui, et je suis souvent fâché de n'être pas parti de Paris pour être laquais de Paisiello à Naples.

Je n'ai aucun goût pour la musique purement instrumentale, la musique même de la Chapelle Sixtine et du chœur du Chapitre de Saint-Pierre ne me fait aucun plaisir (rejugé ainsi le... janvier 1836, jour de la Catedra de San Pietro).

La seule mélodie vocale me semble le produit du génie. Un sot a beau se faire savant, il ne peut, suivant moi, trouver un beau chant, par exemple : *Se amor si gode in pace* (premier acte et peut-être première scène du *Matrimonio Segreto*).

Quand un homme de génie se donne la peine d'étudier la mélodie, il arrive à la belle instrumentation du quartetto de *Bianca e Faliero* (de Rossini) ou du duo d'*Armide*, du même.

Dans les beaux temps de mon goût pour la musique, à Milan, de 1814 à 1821, quand le matin d'un opéra nouveau j'allais retirer mon libretto à la *Scala*, je ne pouvais m'empêcher en le lisant d'en faire toute la musique, de chanter les airs et les duos. Et oserai-je le dire ? quelquefois, le soir, je trouvais ma mélodie *plus noble* et *plus tendre* que celle du maëstro.

Comme je n'avais et je n'ai absolument aucune science, aucune manière de fixer la mélodie sur un morceau de papier, pour pouvoir la corriger sans crainte d'oublier la cantilène primitive, cela était comme la première idée d'un livre qui me vient. Elle est cent fois plus intelligible qu'après l'avoir travaillée.

Mais enfin cette première idée, c'est ce qui ne se trouve jamais dans les livres des écrivains médiocres. Leurs phrases les plus fortes me semblent comme le *trait de Priam, sine ictu.*

Par exemple, j'ai fait, ce me semble, une charmante mélodie, et j'ai vu l'accompagnement, pour ces vers de La Fontaine (critiqués par M. Nodier comme peu pieux, mais vers 1820, sous les Bourbons) :

> Un mort s'en allait tristement
> S'emparer de son dernier gîte,
> Un curé s'en allait gaiement
> Enterrer ce mort au plus vite.

C'est peut-être la seule mélodie que j'aie faite sur des paroles françaises. J'ai horreur de l'obligation de prononcer *gi-teu, vi-teu.* Le Français me semble avoir le métalent le plus marqué pour la musique, comme l'Italien a le métalent le plus étonnant pour la danse.

Quelquefois disant des bêtises exprès avec

moi-même, pour me faire rire, pour fournir des plaisanteries au parti contraire (que souvent je sens parfaitement en moi), je me dis : mais comment aurais-je du talent pour la musique à la Cimarosa, étant Français ?

Je réponds : par ma mère à laquelle je ressemble je suis peut-être de sang italien. Le Gagnoni qui se sauve à Avignon après avoir assassiné un homme en Italie s'y maria peut-être avec la fille d'un Italien attaché au vice-légat.

Mon grand-père et ma tante Elisabeth avaient évidemment une figure italienne, le nez aquilin, etc.

Et actuellement que cinq ans de séjour continu à Rome m'ont fait pénétrer davantage dans la connaissance de la structure physique des Romains, je vois que mon grand-père avait exactement la taille, la tête, le nez romains.

Bien plus, mon oncle Romain Gagnon avait une tête évidemment presque romaine, au teint presque qu'il avait fort beau.

Je n'ai jamais vu un beau chant trouvé par un Français, les plus beaux ne s'élèvent pas au-dessus du caractère grossier qui convient au chant *populaire*, c'est-à-dire qui doit plaire à tous, tel est :

Allons, enfants de la patrie...

de Rouget de Lisle, capitaine, chant trouvé en une nuit à Strasbourg.

Ce chant me semble extrêmement supérieur à tout ce qu'a jamais fait une tête française, mais, par son genre, nécessairement inférieur à :

> *Là, ci darem la mano,*
> *Là mi dirai di si...*

de Mozart.

J'avouerai que je ne trouve parfaitement beau que les chants de ces deux seuls auteurs : Cimarosa et Mozart, et l'on me pendrait plutôt que de me faire dire avec sincérité lequel je préfère à l'autre.

Quand mon mauvais sort m'a fait connaître deux salons ennuyeux, c'est toujours celui d'où je sors qui me semble le plus pesant.

Quand je viens d'entendre Mozart ou Cimarosa, c'est toujours le dernier entendu qui me semble peut-être un peu préférable à l'autre.

Paisiello me semble de la piquette assez agréable et que l'on peut même rechercher et boire avec plaisir, dans les moments où l'on trouve le vin trop fort.

J'en dirai autant de quelques airs de quelques compositeurs inférieurs à Paisiello, par exemple : *Senza sposa non mi lasciate, signor governatore* (je ne me souviens pas des vers) des *Cantatrice Villane* de Fioravanti.

Le mal de cette piquette, c'est qu'au bout d'un moment on la trouve *plate*. Il n'en faut boire qu'un verre.

Presque tous les auteurs sont vendus à la religion quand ils écrivent sur les races d'hommes. Le très petit nombre des gens de bonne foi confond les faits prouvés avec les suppositions. C'est quand une science commence qu'un homme qui n'en est pas, comme moi, peut hasarder d'en parler.

Je dis donc que c'est en vain qu'on demanderait à un chien de chasse l'esprit d'un barbet, ou à un barbet de faire connaître que six heures auparavant un lièvre a passé par ici.

Il peut y avoir des exceptions individuelles, mais la vérité générale c'est que le barbet et le chien de chasse ont chacun leur talent.

Il est probable qu'il en est de même des races d'hommes.

Ce qui est certain, observé par moi et par Constantin, c'est que nous avons vu toute une société romaine (..., vu en 1834, je crois) qui s'occupe exclusivement de musique et qui chante fort bien les finales de la *Semiramide* de Rossini et la musique la plus difficile, valser toute une soirée sur de la musique de contredanse, à la vérité mal jouée quant à la mesure. Le Romain et même l'Italien en général, a le métalent le plus marqué pour la danse.

J'ai mis la charrue devant les bœufs, exprès pour ne pas révolter les Français de 1880, quand j'oserai leur faire lire que rien n'était égal au métalent de leurs aïeux de 1830 pour juger de la musique chantée ou l'exécuter.

Les Français sont devenus savants en ce genre depuis 1820, mais toujours barbares au fond, je n'en veux pour preuve que le succès de *Robert le Diable* de Meyerbeer.

Le Français est moins insensible à la musique allemande, Mozart excepté.

Ce que les Français goûtent dans Mozart, ce n'est pas la nouveauté terrible du *chant* par lequel Leporello invite la statue du commandeur à souper, c'est plutôt l'accompagnement. D'ailleurs, on a dit à cet être, *vaniteux* avant tout et par-dessus tout, que ce *duo* ou *trio* est sublime.

Un morceau de rocher chargé de fer, que l'on aperçoit à la surface du terrain, fait penser qu'en creusant un puits et des galeries profondes on parviendra à trouver une quantité de métal satisfaisante, peut-être aussi on ne trouvera rien.

Tel j'étais pour la musique en 1799. Le hasard a fait que j'ai cherché à noter les sons de mon âme par des pages imprimées. La paresse et le manque d'occasion d'apprendre le physique, le bête de la musique, à savoir jouer du piano et noter mes idées, ont beaucoup de part à cette détermination qui eût été tout autre, si j'eusse trouvé un oncle ou une maîtresse aimant la musique. Quant à la passion, elle est restée entière.

Je ferais dix lieues à pied par la crotte, la chose que je déteste le plus au monde, pour assister à une représentation de *Don Juan* bien joué. Si l'on prononce un mot italien de *Don Juan*, sur le champ le souvenir tendre de la musique me revient et s'empare de moi.

Je n'ai qu'une objection, mais peu intelligible ; la musique me plaît-elle comme *signe*, comme souvenir du bonheur de la jeunesse, ou *par elle-même* ?

Je suis pour ce dernier avis. *Don Juan* me charmait avant d'entendre Bonoldi s'écrier (à la Scala, à Milan) par sa petite fenêtre :

Falle passar avanti,
Di che ci fan honore ?

Mais ce sujet est délicat, j'y reviendrai quand je m'engouffrerai dans les discussions sur les arts pendant mon séjour à Milan si passionné et je puis dire au total la *fleur de ma vie* de 1814 à 1821.

L'air : *Tra quattro muri*, chanté par Mme Festa, me plaît-il comme signe, ou par son mérite intrinsèque ?

« *Per te ogni mese un pajo* », des *Pretendenti delusi*, ne me ravit-il pas comme signe ?

Oui, j'avoue le *signe* pour ces deux derniers, aussi ne les vantè-je jamais comme des chefs-d'œuvre. Mais je ne crois pas du tout au signe pour le *Matrimonio segreto* entendu soixante ou cent fois à l'Odéon par Mme Barilli, était-ce en 1803 ou 1810[1] ?

Certainement, aucun *opera d'inchiostro*, aucun ouvrage de littérature, ne me fait un plaisir aussi vif que *Don Juan*.

La feuille quatorzième de la nouvelle édition de de Brosses, lue dernièrement, en janvier 1836, en a toutefois beaucoup approché.

Une grande preuve de mon amour pour la musique, c'est que l'opéra-comique de Feydeau m'*aigrit*.

Maître de la loge de ma cousine de Longueville, je n'ai pu y subir qu'une

---

1. **Madame Barilli** chantait à l'Odéon en 1810. *Note de Colomb.*

demi-représentation. Je vais à ce théâtre tous les deux ou trois ans, vaincu par la curiosité, et j'en sors au second acte, comme le Vicomte, (le Vicomte, indigné, sortait au second acte), aigri pour toute la soirée.

L'opéra (français) m'a aigri encore plus puissamment jusqu'en 1830, et m'a encore complètement déplu en 1833, avec Monpou[1] et Mme Damoreau.

Je me suis étendu, parce qu'on est toujours mauvais juge des passions ou goûts qu'on a, surtout quand ces goûts sont de bonne compagnie. Il n'est pas de jeune homme affecté du faubourg Saint-Germain, comme M. de Blancmesnil, par exemple, qui ne se dise fou de la musique. Moi, j'abhorre tout ce qui est *romance française*. Le *Panseron* me met en fureur, il me fait haïr ce que j'aime à la passion.

La bonne musique me fait rêver avec délices à ce qui occupe mon cœur dans le moment. De là, les moments délicieux que j'ai trouvés à la Scala, de 1814 à 1821.

---

1. Stendhal a écrit par inadvertance *Moncrif*. N. D. L. E.

CHAPITRE 39

Ce n'était rien que de loger chez M. Daru, il fallait y dîner, ce qui m'ennuyait mortellement.

La cuisine de Paris me déplaisait presque autant que son manque de montagnes, et apparemment par la même raison. Je ne savais ce que c'était que manquer d'argent. Pour ces deux raisons, rien ne me déplaisait comme ces dîners dans l'appartement exigu de M. Daru.

Comme je l'ai dit, il était situé sur la porte cochère.

C'est dans ce salon et cette salle à manger que j'ai cruellement souffert, en recevant cette éducation *des autres* à laquelle mes parents m'avaient si judicieusement soustrait.

Le genre poli, cérémonieux, accomplissant scrupuleusement toutes les convenances, me manquant encore aujourd'hui, me glace et me réduit au silence. Pour peu que l'on y ajoute la nuance religieuse et la déclamation sur les grands principes de la morale, je suis mort.

Que l'on juge de l'effet de ce venin en janvier 1800, quand il était appliqué sur des organes tout neufs et dont l'extrême

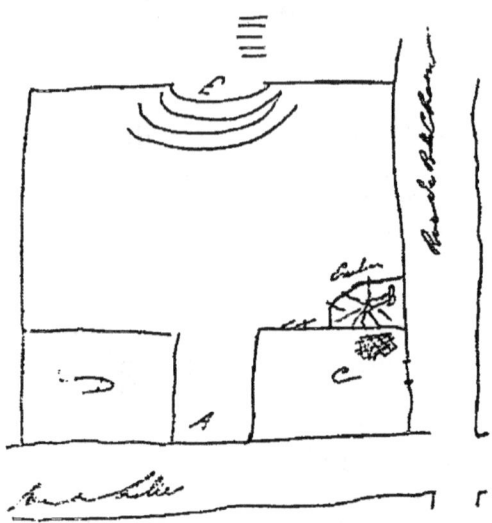

A. Porte cochère. — B. Perron, ou plutôt pas de perron. Escalier tournant montant au premier. Tout le premier A. C. D. appartement de M. Daru. Le même espace au second, appartement de MM. Pierre et Martial Daru, ses fils. — E. Perron conduisant à l'escalier par lequel je montais à ma chambre.

attention n'en laissait pas perdre une goutte.

J'arrivais dans le salon à cinq heures et demie ; là, je frémissais en songeant à la nécessité de donner la main à Mlle Sophie ou à Mme Cambon, ou à Mme Le

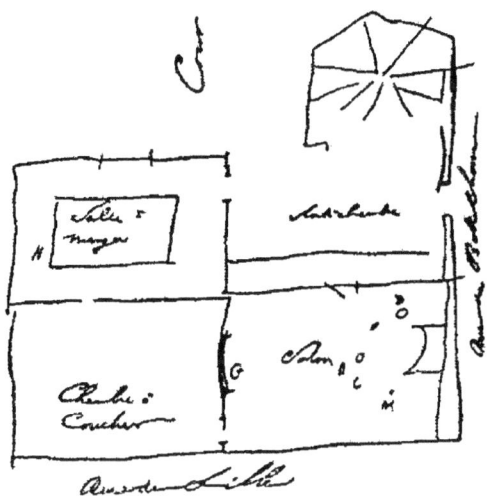

HH. Moi. — M. Fauteuil de Mme Daru. — D. M. Daru le père. — G. Grande glace avec canapé devant.

Brun, ou à Mme Daru elle-même, pour aller à table.

(Mme Cambon succomba peu à peu à une maladie qui, dès lors, la rendait bien jaune. Mme Le Brun est marquise en 1836 ; il en est de même de Mlle Sophie, devenue Mme de Baure. Nous avons perdu depuis longues années Mme Daru la mère et M. Daru le père. Mlle Pulchérie Le Brun est Mme la Marquise de Brossard en 1836. MM. Pierre et Martial Daru sont morts, le premier vers 1829, le second deux ou trois ans plus tôt. M. Le Brun : M. le marquis de Grave, ancien ministre de la Guerre[1].)

A table, placé au point H, je ne mangeais pas un morceau qui me plût. La cuisine parisienne me déplaisait souverainement,

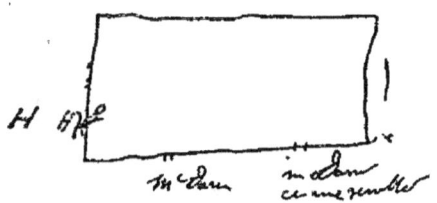

et me déplaît encore après tant d'années. Mais ce désagrément n'était rien à mon âge, je l'éprouvais bien quand je pouvais aller chez un restaurateur.

C'était la contrainte morale qui me tuait.

Ce n'était pas le sentiment de l'injustice et de la haine contre ma tante Séraphie, comme à Grenoble.

Plût à Dieu que j'en eusse été quitte pour ce genre de malheur ! c'était bien

---

1. Pour la clarté.

pis : c'était le sentiment continu des choses que je voulais faire et auxquelles je ne pouvais atteindre.

Qu'on juge de l'étendue de mon malheur ! moi qui me croyais à la fois un Saint-Preux et un Valmont, (des *Liaisons Dangereuses*, imitation de *Clarisse*, qui est devenu le bréviaire des provinciaux), moi qui, me croyant une disposition infinie à aimer et à être aimé, croyais que l'occasion seule me manquait, je me trouvais inférieur et gauche en tout dans une société que je jugeais triste et maussade, qu'aurait-ce été dans un salon aimable !

C'était donc là ce Paris que j'avais tant désiré !

Je ne conçois pas aujourd'hui comment je ne devins pas fou du 10 novembre 1799 au 20 août à peu près, que je partis pour Genève.

Je ne sais pas si, outre le dîner, je n'étais pas encore obligé d'assister au déjeuner.

Mais comment faire concevoir ma folie ? Je me figurais la société uniquement et absolument par les *Mémoires secrets* de Duclos, les trois ou sept volumes de Saint-Simon alors publiés et les romans.

Je n'avais vu le monde, et encore par le cou d'une bouteille, que chez madame de Montmaure, l'original de la Madame de Merteuil des *Liaisons dangereuses*.

Elle était vieille maintenant, riche et boiteuse. Cela, j'en suis sûr, quant au moral elle s'opposait à ce que l'on ne me donnât qu'une moitié de noix confite ; quand j'allais chez elle au *Chevallon*, elle m'en faisait toujours donner une tout entière. « Cela fait tant de peine aux enfants », disait-elle. Voilà tout ce que j'ai vu de moral. Mme de Montmaure avait loué ou acheté la maison des *Drevon*,

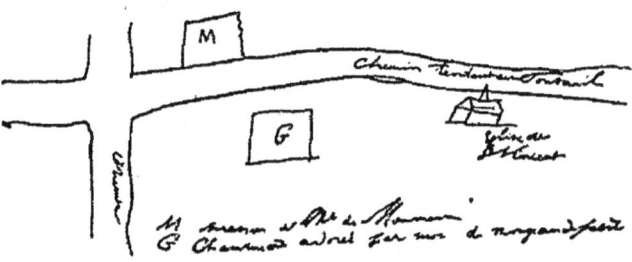

jeunes gens de plaisir, intimes de mon oncle R. Gagnon et qui s'étaient à peu près ruinés.

Le détail de cette Mme de Montmaure, original de Mme de Merteuil est peut-être déplacé ici, mais j'ai voulu faire voir par l'anecdote de la noix confite ce que je connaissais du monde.

Ce n'est pas tout, il y a bien pis. Je m'imputais à honte, et presque à crime, le silence qui régnait trop souvent à la cour d'un vieux bourgeois despote et ennuyé tel qu'était M. Daru le père.

C'était là mon principal chagrin. Un homme devait être selon moi amoureux passionné et, en même temps, portant la joie et le mouvement dans toutes les sociétés où il se trouvait.

Et encore cette joie universelle, cet art de plaire à tous, ne devaient pas être fondés sur l'art de flatter les goûts et les faiblesses de tous, je ne me doutais pas de tout ce côté de l'art de plaire qui m'eût probablement révolté ; l'amabilité que je voulais était la joie pure de Shakespeare dans ses comédies, l'amabilité qui règne à la cour du duc exilé dans la forêt des Ardennes.

Cette amabilité pure et aérienne à la cour d'un vieux préfet libertin et ennuyé, et dévôt, je crois ! ! !

L'absurde ne peut pas aller plus loin, mais mon malheur, quoique fondé sur l'*absurde*, n'en était pas moins fort réel.

Ces silences, quand j'étais dans le salon de M. Daru, me désolaient.

Qu'étais-je dans ce salon ? Je n'y ouvrais pas la bouche, à ce que m'a dit depuis Mme Lebrun, marquise de Grave. Madame la comtesse d'Ornain m'a dit dernièrement que Mme Le Brun a de l'amitié pour moi ; lui demander quelques éclaircissements sur la figure que je faisais dans le salon de M. Daru à cette première apparition, au commencement de 1800[1].

Je mourais de contrainte, de désappointement, de mécontentement de moi-même. Qui m'eût dit que les plus grandes joies de ma vie devaient me tomber dessus cinq mois après !

Tomber est le mot propre, cela me tomba du ciel, mais toutefois cela venait de mon âme, elle était aussi ma seule ressource pendant les quatre ou cinq mois que j'habitai la chambre chez M. Daru, le père.

Toutes les douleurs du salon et de la salle-à-manger disparaissaient quand, seul dans ma chambre sur les jardins, je me disais : « Dois-je me faire compositeur de musique, ou bien faire des comédies, comme Molière ? » Je sentais, bien vaguement il est vrai, que je ne connaissais assez ni le monde ni moi-même pour me décider[2].

---

1. Folie de Dominique. Dates : 4 mars 1818. Commencement d'une grande phrase musicale, *Piazza delle Galine*. Cela n'a réellement fini que rue du Faubourg-Saint-Denis, mai 1824-septembre 1826, San Remo.

2. Sacrifice fait : Comtesse Sandre (8-17 février 1836). Voilà le beau de ce caractère, c'est que le sacrifice était fait au bal Alibert, du mardi 16 février, quand Don Filippo me parla. La brouille avec moi durait depuis le bal Anglais, 8 février 1836. Je ne connais ce caractère que depuis que je l'étudie la plume à la main à 53. Je suis tellement différent de ce que j'étais il y a vingt ans, qu'il me semble faire des découvertes sur un *autre*.

J'étais distrait de ces hautes pensées par un autre problème beaucoup plus terrestre et bien autrement pressant. M. Daru en homme exact ne comprenait pas pourquoi je n'entrais pas à l'Ecole Polytechnique, ou si cette année était perdue, pourquoi je ne continuais pas mes études pour me présenter aux examens de la saison suivante, septembre 1800.

Ce vieillard sévère me faisait entendre avec beaucoup de politesse et de mesure qu'une explication entre nous à cet égard était nécessaire. C'étaient premièrement cette mesure et cette politesse si nouvelle pour moi, qui m'entendais appeler Monsieur par ce parent pour la première fois de ma vie qui mettaient aux champs ma timidité et mon imagination folles.

J'explique cela maintenant. Je voyais fort bien la question au fond, mais ces préparations polies et insolites me faisaient soupçonner des abîmes inconnus et effroyables dont je ne pourrais me tirer. Je me sentais terrifié par les façons diplomatiques de l'habile ex-préfet, auxquelles j'étais bien loin alors de pouvoir donner leurs noms propres. Tout cela me rendait

---

Du 7 au 17, rien fait, ce me semble à Romanelli et Carnaval (Carnaval et d'abord grande lettre de quatorze pages serrées sur l'office Romanelli).

incapable de soutenir mon opinion de vive voix.

L'absence complète de collège faisait de moi un enfant de dix ans pour mes rapports avec le monde. Le seul aspect d'un personnage si imposant et qui faisait trembler tout le monde chez lui à commencer par sa femme et son fils aîné, me parlant tête-à-tête et la porte fermée me mettait dans l'impossibilité de dire deux mots de suite. Je vois aujourd'hui que cette figure de M. Daru père, avec un œil un peu de travers, était exactement pour moi

Lasciate ogni speranza, voi ch'entrate.

Ne pas la voir était le plus grand bonheur qu'elle pût me donner.

Le trouble extrême chez moi détruit la mémoire. Peut-être M. Daru le père m'avait-il dit quelque chose comme : « Mon cher cousin, il conviendrait de prendre un parti d'ici à huit jours. »

Dans l'excès de ma timidité, de mon angoisse et de mon *désarroi*, comme on dit à Grenoble, et comme je disais alors, il me semble que j'écrivis d'avance la conversation que je voulais avoir avec M. Daru.

Je ne me rappelle qu'un seul détail

de cette terrible entrevue. Je dis en termes moins clairs :

« Mes parents me laissent à peu près le maître du parti à prendre.

— Je ne m'en aperçois que trop », répondit M. Daru, avec une intonation riche de sentiment et qui me frappa fort chez un homme si plein de mesure et d'habitudes périphrasantes et diplomatiques.

Ce mot me frappa ; tout le reste est oublié.

J'étais fort content de ma chambre sur les jardins, entre les rues de Lille et de l'Université, avec un peu de vue sur la rue Bellechasse.

La maison avait appartenu à Condorcet, dont la jolie veuve vivait alors avec M. Fauriel (aujourd'hui de l'Institut, un vrai savant aimant la science pour elle-même, choses si rares dans ce corps).

Condorcet, pour n'être pas harcelé par le monde avait fait faire une échelle de meunier en bois au moyen de laquelle il grimpait au troisième (j'étais au second), dans une chambre au-dessus de la mienne. Combien cela m'eût frappé trois mois plus tôt ! Condorcet, l'auteur de cette *Logique des Progrès futurs* que j'avais lue avec enthousiasme deux ou trois fois !

Hélas ! mon cœur était changé. Dès que

j'étais seul et tranquille, et débarrassé de ma timidité, ce sentiment profond revenait :

« Paris, n'est-ce que ça ? »

Cela voulait dire : Ce que j'ai tant désiré comme le souverain bien, la chose à laquelle j'ai sacrifié ma vie depuis trois ans, m'ennuie. Ce n'était pas le sacrifice de trois ans qui me touchait ; malgré la peur d'entrer à l'Ecole Polytechnique l'année suivante, j'aimais les mathématiques, la question terrible que je n'avais pas assez d'esprit pour voir nettement était celle-ci : Où est donc le bonheur sur la terre ? Et quelquefois j'arrivais jusqu'à celle-ci : Y a-t-il un bonheur sur la terre ?

N'avoir pas de montagnes perdait absolument Paris à mes yeux.

Avoir dans les jardins des arbres taillés l'achevait.

Toutefois, ce qui me fait plaisir à distinguer aujourd'hui (en 1836), je n'étais pas injuste pour le beau vert de ces arbres.

Je sentais, bien plus que je ne me le disais nettement : leur forme est pitoyable, mais quelle verdure délicieuse et formant masse avec de charmants labyrinthes où l'imagination se promène ! Ce dernier détail est d'aujourd'hui. Je sentais alors, sans trop distinguer les causes. La sagacité, qui n'a jamais été mon fort, me manquait tout à fait, j'étais comme un cheval ombrageux qui ne voit pas ce qui est, mais des obstacles ou périls imaginaires. Le bon, c'est que mon cœur se montait, et je marchais fièrement aux plus grands périls. Je suis encore ainsi aujourd'hui.

Plus je me promenais dans Paris, plus il me déplaisait. La famille Daru avait de grandes bontés pour moi. Mme Cambon me faisait compliment sur ma redingote à l'artiste, couleur olive, avec revers en velours.

« Elle vous va fort bien », me disait-elle.

Mme Cambon voulut bien me conduire au Musée avec une partie de la famille et un M. Gorse ou Gosse, gros garçon commun, qui lui faisait un peu la cour. Elle, mourait de mélancolie pour avoir perdu, un an auparavant, une fille unique de seize ans.

On quitta le Musée, on m'offrit une place dans le fiacre ; je revins à pied dans la boue et, amadoué par la bonté de Mme Cambon, j'ai la riche idée d'entrer chez elle. Je la trouve en tête à tête avec M. Gorse.

Je sentis cependant toute l'étendue ou une partie de l'étendue de ma sottise.

« Mais pourquoi n'êtes-vous pas monté en voiture ? » me disait Mme Cambon étonnée.

Je disparus au bout d'une minute.

M. Gorse en dut penser de belles sur mon compte. Je devais être un singulier problème dans la famille Daru ; la réponse devait varier entre : *C'est un fou,* et : *C'est un imbécile.*

CHAPITRE 40

Madame Le Brun, aujourd'hui marquise de Grave m'a dit que tous les habitants de ce petit salon étaient étonnés de mon silence complet.

Je me taisais par instinct, je sentais que personne ne me comprendrait, quelles figures pour leur parler de ma tendre admiration pour Bradamante ! Ce silence, amené par le hasard, était de la meilleure politique, c'était le seul moyen de conserver un peu de dignité personnelle.

Si jamais je revois cette femme d'esprit, il faut que je la presse de questions pour qu'elle me dise ce que j'étais alors. En vérité, je l'ignore. Je ne puis que noter le degré de bonheur senti par cette machine. Comme j'ai toujours creusé les mêmes idées depuis, comment savoir où j'en étais alors ? Le puits avait dix pieds de profondeur, chaque année j'ai ajouté cinq pieds, maintenant, à cent quatre-vingt-dix pieds, comment avoir l'image de ce qu'il était en février 1800, quand il n'avait que dix pieds ?

On admirait mon cousin Martial (mon chef de bureau au Commerce), l'être prosaïque par excellence, parce que, rentrant le soir, vers dix heures, chez M. Daru, rue de Lille, n° 505, il ressortait à pied pour aller manger certains petits pâtés au carrefour Gaillon.

Cette simplicité, cette naïveté de gourmandise qui me feraient rire aujourd'hui dans un enfant de seize ans, me comblaient d'étonnement en 1800. Je ne sais pas même si, un soir, je ne ressortis pas, par cette abominable humidité de Paris que j'exécrais, pour aller manger de ces petits pâtés. Cette démarche était un peu pour le plaisir et beaucoup pour la gloire. Le plaisir fut pire que nul, et la gloire aussi apparemment, si l'on s'en occupa l'on dut y voir une plate imitation. J'étais bien loin de dire naïvement ce pourquoi de ma démarche, j'eusse été à mon tour original et naïf, et peut-être mon équipée de dix heures du soir eût donné un sourire à cette famille ennuyée.

Il faut que la maladie, qui fit grimper le docteur Portal dans mon troisième étage du passage Sainte-Marie, (rue du Bac), eût été sérieuse, car je perdis tous mes cheveux. Je ne manquai pas d'acheter une perruque et mon ami Edmond Cardon ne manqua pas de la jeter sur la corniche d'une porte, un soir, dans le salon de sa mère.

Cardon était très mince, très grand, très bien élevé, fort riche, d'un ton parfait, une admirable poupée, fils de Mme Cardon, femme de chambre de la reine *Marie-Antoinette.*

Quel contraste entre Cardon et moi ! et pourtant nous nous liâmes. Nous avons été amis du temps de la bataille de Marengo ; il était alors aide-de-camp du ministre de la guerre Carnot ; nous nous sommes écrits jusqu'en 1804 ou 1805. En 1815, cet être élégant, noble, charmant, se brûla la cervelle en voyant arrêter le maréchal Ney, son parent par alliance. Il n'était compromis en rien, ce fut exactement folie éphémère, causée par l'extrême vanité de courtisan de s'être vu un maréchal et un prince pour cousin. Depuis 1803 ou 1804, il se faisait appeler Cardon de Montigny, il me présenta à sa femme, élégante et riche, bégayant un peu, qui me sembla avoir peur de l'énergie féroce de ce montagnard allobroge. Le fils de cet être bon et aimable s'appelle M. de Montigny et est conseiller ou auditeur à la cour royale de Paris.

Ah ! qu'un bon conseil m'eût fait de bien alors ! Que ce même conseil m'eût fait de bien en 1821 ! Mais du diable, jamais personne ne me l'a donné. Je l'ai vu vers 1826, mais il était à peu près trop tard, et d'ailleurs il contrariait trop mes habitudes. J'ai vu clairement depuis que c'est le *sine qua non* à Paris, mais aussi il y aurait eu moins de vérité et d'originalité dans mes pensées littéraires.

Quelle différence si M. Daru ou Mme Cambon m'avait dit, en janvier 1800 :

« Mon cher cousin, si vous voulez avoir quelque consistance dans la société, il faut que vingt personnes aient intérêt à dire du bien de vous. Par conséquent, choisissez un salon, ne manquez pas d'y aller tous les mardis (si tel est son jour), faites-vous une affaire d'être aimable, ou du moins très poli, pour chacune des personnes qui vont dans ce salon. Vous serez quelque chose dans le monde, vous pourrez espérer de plaire à une femme aimable quand vous serez porté par deux ou trois salons. Au bout de dix années de constance, ces salons, si vous les choisissez dans notre rang de la société, vous porteront à tout. L'essentiel est la constance et être un des fidèles tous les mardis. »

Voilà ce qui m'a éternellement manqué. Voilà le sens de l'exclamation de M. Delécluze, des *Débats*, vers 1828) : « Si vous aviez un peu plus d'éducation ! »

Il fallait que cet honnête homme fût bien plein de cette vérité, car il était furieusement jaloux de quelques mots, qui, à ma grande surprise, firent beaucoup d'effet, par exemple, chez lui : « Bossuet... c'est de *la blague sérieuse.* »

En 1800, la famille Daru traversait la rue de Lille et montait au premier étage chez Mme Cardon, ancienne femme de chambre de Marie-Antoinette, laquelle était tout aise d'avoir la protection de deux commissaires des guerres aussi accrédités que MM. Daru, commissaire-ordonnateur, et Martial Daru, simple commissaire. J'explique ainsi la liaison d'aujourd'hui et j'ai tort, faute d'expérience je ne pouvais juger de rien en 1800. Je prie donc le lecteur de ne pas s'arrêter à ces explications qui m'échappent en 1836 ; c'est du roman plus ou moins probable, ce n'est plus de l'histoire.

J'étais donc, ou plutôt il me semblait être très bien reçu dans le salon de Mme Cardon, en janvier 1800.

On y jouait des charades avec déguisements, on y plaisantait sans cesse. La pauvre Mme Cambon n'y venait pas toujours ; cette folie offensait sa douleur dont elle mourut quelques mois après.

M. Daru (depuis ministre) venait de publier la *Cléopédie*, je crois, un petit poème dans le genre jésuitique, c'est-à-dire dans le genre des poèmes latins faits par des jésuites vers 1700. Cela me sembla plat et coulant, il y a bien trente ans que je ne l'ai lu.

M. Daru qui au fond n'avait pas d'esprit (mais je devine cela seulement en écrivant ceci), était trop fier d'être président à la fois de quatre Sociétés littéraires. Ce genre de niaiserie pullulait en 1800, et n'était pas si vide que cela nous semble aujourd'hui. La société renaissait après la terreur de 93 et la demi-peur des années suivantes. Ce fut M. Daru le père qui m'apprit avec une douce joie cette gloire de son fils aîné.

Comme il revenait d'une de ces sociétés littéraires, Edmond, déguisé en fille, alla le raccrocher dans la rue à vingt pas de la maison. Cela n'était pas mal gai. Mme Cardon avait encore la gaieté de 1788, cela scandaliserait notre pruderie de 1836.

M. Daru, en arrivant, se vit suivi dans l'escalier par la fille qui détachait ses jupons.

« J'ai été fort étonné, nous dit-il, de voir notre quartier infesté. »

Quelque temps après, il me conduisit à une des séances d'une des Sociétés qu'il présidait. Celle-ci se réunissait dans une rue qui a été démolie pour agrandir la place du Carrousel, vers la partie de la nouvelle galerie, au nord du Carrousel, qui avoisine l'axe de la rue Richelieu, à quarante pas plus au couchant.

Il était sept heures et demie du soir, les salles étaient peu illuminées. La poésie me fit horreur : quelle différence avec l'Arioste et Voltaire ! Cela était bourgeois et plat (quelle bonne école j'avais déjà !), mais j'admirais fort et avec envie la gorge de Mme Constance Pipelet, qui lut une pièce de vers. Je le lui ai dit depuis, elle était alors femme d'un pauvre diable de chirurgien herniaire, et je lui ai parlé chez Mme la comtesse Beugnot, quand elle était princesse de Salm-Dyck, je crois. Je conterai son mariage, précédé par deux mois de séjour chez le prince de Salm, avec son amant, pour voir si le château ne lui déplairait point trop, et le prince nullement trompé, mais sachant tout et s'y soumettant, et il avait raison.

J'allai au Louvre chez *Regnault*, peintre, l'auteur de l'Education d'Achille, plat tableau, gravé par l'excellent Berwick, et je fus élève de son Académie. Toutes les étrennes à donner pour cartables, droits de chaise, etc., m'étonnèrent fort, et j'ignorais parfaitement tous ces usages parisiens et, à vrai dire, tous les usages possibles. Je dus paraître avare.

Je promenais partout mon effroyable désappointement.

Trouver plat et détestable ce Paris, que

je m'étais figuré le souverain bien ! Tout m'en déplaisait, jusqu'à la cuisine qui n'était pas celle de la maison paternelle, cette maison qui m'avait semblé la réunion de tout ce qui était mal.

Pour m'achever, la peur d'être forcé de passer un examen pour l'école me faisait haïr mes chères mathématiques.

Il me semble que le terrible M. Daru le père me disait : « Puisque, d'après les certificats dont vous êtes porteur, vous êtes tellement plus fort que vos sept camarades qui ont été reçus, vous pourriez, même aujourd'hui, si vous étiez reçu, les rattraper facilement dans les cours qu'ils suivent. »

M. Daru me parlait en homme accoutumé à avoir du crédit et obtenir des exceptions.

Une chose dut, heureusement pour moi, ralentir les instances de M. Daru pour reprendre l'étude des mathématiques. Mes parents m'annonçaient sans doute comme un prodige en tout genre. Mon excellent grand-père m'adorait et d'ailleurs j'étais son ouvrage au fond, je n'avais eu de maître que lui, les mathématiques excepté. Il faisait avec moi mes thèmes de latin, il faisait presque seul mes vers latins sur une mouche qui trouve une mort *noire* dans du lait *blanc*.

AFFECTATION 235

Tel était l'esprit du Père jésuite auteur du poème dont je refaisais les vers. Sans les auteurs lus en cachette, j'étais fait pour avoir cet esprit-là et pour admirer la *Cléopédie* du comte Daru et l'esprit de l'Académie française. Aurait-ce été un mal ? J'aurais eu des succès de 1815 à 1830, de la réputation, de l'argent, mais mes ouvrages seraient bien plus plats et bien *mieux écrits* de ce qu'ils sont.

Je crois que l'affectation qu'on appelle bien écrire en 1825-1836 sera bien ridicule vers 1860, dès que la France, délivrée des révolutions politiques tous les quinze ans, aura le temps de penser aux jouissances de l'esprit. Le gouvernement fort et violent de Napoléon (dont j'aimai tant la personne) n'a duré que quinze ans, 1800-1815. Le gouvernement à faire vomir de ces Bourbons imbéciles (voir la chanson de Béranger) a duré quinze ans aussi, de 1815 à 1830. Combien durera un troisième ? Aura-t-il plus...

Mais je m'égare, nos neveux devront pardonner ces écarts, nous tenons la plume d'une main et l'épée de l'autre (en écrivant ceci j'attends la nouvelle de l'exécution de Fieschi et du nouveau ministère de mars 1836, et je viens, pour mon métier, de signer trois lettres, adressées à des ministres dont je ne sais pas le nom).

Revenons à janvier ou février 1800. Réellement, j'avais l'expérience d'un enfant de neuf ans et probablement un orgueil du diable. J'avais été réellement l'élève le plus remarquable de l'Ecole centrale. De plus, ce qui valait bien mieux, j'avais des idées justes sur tout, j'avais énormément lu, j'adorais la lecture : un livre nouveau, à moi inconnu, me consolait de tout.

Mais la famille Daru, malgré les succès de l'auteur de la traduction d'Horace, n'était pas du tout littéraire, c'était une famille de courtisans de Louis XIV tels que les dépeint Saint-Simon. On n'aimait dans M. Daru fils aîné que le fait de son succès, toute discussion littéraire eût été un crime politique, comme tendant à mettre en doute la gloire de la maison.

Un des malheurs de mon caractère est d'oublier le succès et de me rappeler profondément mes sottises. J'écrivis vers février 1800 à ma famille :

« Mme Cambon exerce l'empire de l'esprit, et Mme Rebuffel, celui des sens. »

Quinze jours après, j'eus une honte profonde de mon style et de la chose.

C'était une fausseté, c'était bien pis encore, c'était une ingratitude. S'il y avait un lieu où je fusse moins gêné et plus naturel, c'était le salon de cette excellente et jolie Mme Rebuffel, qui habitait le premier étage de la maison, qui me donnait une chambre au second. Ma chambre était, ce me semble, au-dessus du salon de Mme Rebuffel. Mon oncle Gagnon m'avait raconté comme quoi il l'avait émue à Lyon en admirant son joli pied et l'engageant là le placer sur une malle pour le mieux voir. Une fois, sans M. Bartelon, M. Rebuffel eût surpris mon oncle dans une position peu équivoque.

Mme Rebuffel, ma cousine, avait une fille, Adèle, qui annonçait beaucoup d'esprit ; il me semble qu'elle n'a pas tenu parole. Après nous être un peu aimés (amours d'enfants), la haine et puis l'indifférence ont remplacé les enfantillages, et je l'ai entièrement perdue de vue depuis 1804. Le journal de 1835 m'a appris que son sot mari, M. le baron Auguste Pétiet, le même qui m'a donné un coup de sabre au pied gauche, venait de la laisser veuve avec un fils à l'Ecole Polytechnique.

Etait-ce en 1800 que Mme Rebuffel avait pour amant M. *Chieze*, gentilhomme assez empesé de Valence en Dauphiné, ami de ma famille à Grenoble, ou ne fut-ce qu'en 1803 ? Etait-ce en 1800 ou 1803 que l'excellent Rebuffel, homme de cœur et d'esprit, homme à jamais respectable à mes yeux, me donnait à dîner dans la rue Saint-Denis au roulage qu'il tenait avec une demoiselle Barberen, son associée et sa maîtresse ?

Quelle différence pour moi si mon grand-père Gagnon avait eu l'idée de me recommander à M. Rebuffel au lieu de M. Daru ! M. Rebuffel était neveu de M. Daru, quoique moins âgé seulement de sept ou huit ans, et, à cause de sa dignité politique ou plutôt administrative, secrétaire général de tout le Languedoc (sept départements), M. Daru prétendait tyranniser M. Rebuffel, lequel, dans les dialogues qu'il me racontait, alliait divinement le respect à la fermeté. Je me souviens que je comparais le ton qu'il prenait à celui de J.-J. Rousseau dans sa *Lettre à Christophe de Beaumont*, archevêque de Paris.

M. Rebuffel eût tout fait de moi, j'aurais été plus sage si le hasard m'avait mis sous sa direction. Mais mon destin était de tout conquérir à la pointe de l'épée.

Quel océan de *sensations violentes* j'ai eues en ma vie, et surtout à cette époque !

J'en eus beaucoup au sujet du petit événement que je vais conter, mais dans quel sens ? que désirais-je avec passion ? Je ne m'en souviens plus.

M. Daru fils aîné (je l'appellerai le comte Daru, malgré l'anachronisme : il ne fut comte que vers 1809, je crois, mais j'ai l'habitude de l'appeler ainsi), le comte Daru donc, si l'on veut me permettre de l'appeler ainsi, était en 1800 secrétaire général du ministre de la Guerre. Il se tuait de travail, mais il faut avouer qu'il en parlait sans cesse et avait toujours de l'humeur en venant dîner. Quelquefois, il faisait attendre son père et toute la famille une heure ou deux. Il arrivait enfin avec la physionomie d'un bœuf, excédé de peine et des yeux rouges. Souvent il retournait le soir à son bureau ; dans le fait, tout était à réorganiser et l'on préparait en secret la campagne de Marengo.

Je vais naître, comme dit Tristram Shandy et le lecteur va sortir des enfantillages.

Un beau jour, M. Daru le père me prit à part et me fit frémir, il me dit : « Mon fils vous conduira travailler avec lui au bureau de la Guerre. » Probablement, au lieu de remercier, je restai dans le silence farouche de l'extrême timidité.

Le lendemain matin, marchant à côté du comte Daru que j'admirais mais qui me faisait frémir, et jamais je n'ai pu m'accoutumer à lui, ni ce me semble lui à moi, je me vois marchant le long de la rue *Hillerin Berlin,* fort étroite alors.

Mais où était ce ministère de la Guerre, où nous allions ensemble ?

Je ne vois que à ma place, à ma table,

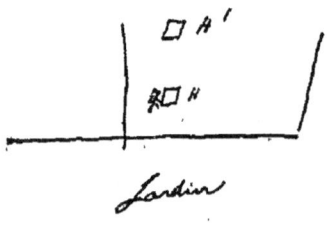

en H ou en H' ; à celui de ces deux bureaux que je n'occupais pas était M. Mazoïer, auteur de la tragédie de *Thésée*, pâle imitation de Racine.

CHAPITRE 41

Au bout du jardin étaient des malheureux tilleuls taillés de près derrière lesquels nous allions pisser. Ce furent les premiers amis que j'eus à Paris. Leur sort me fit pitié : être ainsi taillés ! je les comparais aux beaux tilleuls de Claix, qui avaient le bonheur de vivre au milieu des montagnes.

Mais aurais-je voulu retourner dans ces montagnes ?

Oui, ce me semble, si j'avais dû n'y pas retrouver mon père, et y vivre avec mon grand-père, à la bonne heure, mais *libre*.

Voilà à quel point mon extrême passion pour Paris était tombée. Et il m'arrivait de dire que le véritable Paris était invisible à mes yeux.

Les tilleuls du ministère de la guerre rougirent par le haut. M. Mazoïer, sans doute, me rappela le vers de Virgile :

Nunc erubescit ver.

Ce n'est pas cela, mais je me le rappelle en écrivant pour la première fois depuis trente-six ans ; Virgile me faisait horreur au fond, comme protégé par les prêtres qui venaient dire la messe et me parler de latin chez mes parents. Jamais, malgré tous les efforts de ma raison, Virgile ne s'est relevé pour moi des effets de cette mauvaise compagnie. Les tilleuls prirent des bourgeons. Enfin ils eurent des feuilles, je fus profondément attendri ; j'avais donc des amis à Paris !

Chaque fois que j'allais pisser derrière ces tilleuls, au bout du jardin, mon âme était *rafraîchie* par la vue de ces amis. Je les aime encore après trente-six ans de séparation.

Mais ces bons amis existent-ils ? On a tant bâti dans ce quartier ! Peut-être le ministère où je pris la plume officielle pour la première fois est-il encore le ministère rue de l'Université, vis-à-vis la place dont j'ignore le nom ?

Là, M. Daru m'établit à un bureau et me dit de copier une lettre. Je ne dirai rien de mon écriture en pieds de mouche, bien pire que la présente ; mais il découvrit que j'écrivais *cela* par deux ll : *cella*.

C'était donc là ce littérateur, ce brillant *humaniste* qui discutait le mérite de Racine et qui avait remporté tous les prix à Grenoble ! !

J'admire aujourd'hui, *mais aujourd'hui*

seulement, la bonté de toute cette famille Daru. Que faire d'un animal si orgueilleux et si ignorant ?

Et le fait est pourtant que j'attaquais très bien Racine dans mes conversations avec M. Mazoïer. Nous étions là quatre commis, et les deux autres, ce me semble, m'écoutaient, quand j'escarmouchais avec M. Mazoïer.

J'avais une théorie intérieure que je voulais rédiger sous le titre de : *Filosofia nova*, titre moitié italien, moitié latin. J'avais une admiration vraie, sentie, passionnée pour Shakespeare, que pourtant je n'avais vu qu'à travers les phrases lourdes et emphatiques de M. Letourneur et de ses associés.

L'Arioste avait aussi beaucoup de pouvoir sur mon cœur (mais l'Arioste de M. de Tressan, père de l'aimable capitaine jouant de la clarinette, qui avait contribué à me faire apprendre à lire, extrême plat ultra et maréchal de camp vers 1820).

Je crois voir ce qui me défendait du mauvais goût d'admirer la *Cléopédie*[1] du comte Daru et bientôt après l'abbé Delille, c'était cette doctrine intérieure fondée sur le vrai plaisir, plaisir profond, réfléchi, allant jusqu'au *bonheur*, que m'avaient

---

1. Stendhal a écrit la Cyropédie. N. D. L. E.

donné Cervantès, Shakespeare, Corneille, Arioste, et une haine pour le puéril de Voltaire et de son école. Là-dessus, quand j'osais parler, j'étais tranchant jusqu'au fanatisme, car je ne faisais aucun doute que tous les hommes bien portants et non gâtés par une mauvaise éducation littéraire ne pensassent comme moi. L'expérience m'a appris que la majorité laisse diriger la sensibilité aux arts, qu'elle peut avoir naturellement, par l'auteur à la mode, c'était Voltaire en 1788, Walter Scott en 1828. Et qui est-ce aujourd'hui 1836 ? Heureusement personne.

Cet amour pour Shakespeare, l'Arioste, et la *Nouvelle Héloïse* au second rang, qui étaient les maîtres de mon cœur littéraire à mon arrivée à Paris à la fin de 1799, me préserva du mauvais goût (*Delille, moins la gentillesse*) qui régnait dans le salons Daru et Cardon, et qui était d'autant plus dangereux pour moi, d'autant plus contagieux, que le comte Daru était un auteur produisant actuellement et que sous d'autres rapports tout le monde admirait et que j'admirais moi-même. Il venait d'être ordonnateur en chef, je crois, de cette armée d'Helvétie qui venait de sauver la France à Zurich sous Masséna. M. Daru le père nous répétait sans cesse que le général Masséna disait à tout le monde, en parlant de M. Daru : « Voilà un homme que je puis présenter à mes amis et à mes ennemis. »

Pourtant Masséna, de moi bien connu, était voleur comme une pie, ce qui veut dire par instinct, on parle encore de lui à Rome (*ostensoir* de la famille Doria, à Sainte-Agnès, place Navone, je crois), et M. Daru n'a jamais volé un centime.

Mais, grand Dieu, quel bavardage ! Je ne puis arriver à parler de l'Arioste, dont les personnages palefreniers et *portefaix par la force* m'ennuient tellement aujourd'hui. De 1796 à 1804, l'Arioste ne me faisait pas *sa sensation propre*. Je prenais tout à fait au sérieux les passages tendres et romanesques. Ils frayèrent, à mon insu, le seul chemin par lequel l'émotion puisse ariver à mon âme. Je ne puis être touché jusqu'à l'attendrissement *qu'après un passage comique*.

De là mon amour presque exclusif pour *l'opera buffa*, de là l'abîme qui sépare mon âme de celle de M. le baron Poitou (voir à la fin du volume la préface à de Brosses qui a fâché Colomb) et de tout le vulgaire de 1830, qui ne voit *le courage que sous la moustache*.

Là seulement dans *l'opéra buffa* je puis être attendri jusqu'aux larmes. La prétention de toucher qu'a *l'opera seria* à l'instant fait cesser pour moi la possibilité de l'être. Même dans la vie réelle un pauvre qui demande l'aumône avec des cris piteux bien loin de me faire pitié me fait songer avec toute la sévérité philosophique possible à l'utilité d'une maison pénitentiaire.

Un pauvre qui ne m'adresse pas la parole, qui ne pousse pas des cris lamentables et *tragiques* comme c'est l'usage à Rome, et mange une pomme en se traînant à terre, comme le cul-de-jatte d'il y a huit jours, me touche presque jusqu'aux larmes à l'instant.

De là mon complet éloignement pour la tragédie, mon éloignement jusqu'à l'*ironie* pour la tragédie en vers.

Il y a une exception pour cet homme simple et grand, Pierre Corneille, suivant moi immensément supérieur à Racine, ce courtisan rempli d'adresse et de biendire. Les règles d'Aristote, ou prétendues telles, étaient un obstacle ainsi que les vers pour ce poète original. Racine n'est original, aux yeux des Allemands, Anglais, etc., que parce qu'ils n'ont pas eu encore une cour spirituelle, comme celle de Louis XIV, obligeant tous les gens riches et nobles d'un pays à passer tous les jours huit heures ensemble dans les salons de Versailles.

La suite des temps portera les *Anglais, Allemands, Américains* et autres gens à argent ou revenu antilogique, à comprendre l'adresse courtisane de Racine, même l'ingénue la plus innocente, Junie ou Aricie et confite en adresse d'honnête catin ; Racine n'a jamais pu faire une Mlle de La Vallière, mais toujours une fille extrêmement adroite et peut-être physiquement vertueuse, mais certes pas moralement. Vers 1900, peut-être que les Allemands, Américains, Anglais, arriveront à comprendre tout l'esprit courtisanesque de Racine. Un siècle peut-être après, ils arriveront à sentir qu'il n'a jamais pu faire une La Vallière.

Mais comment ces gens faibles pourront-ils apercevoir une étoile tellement rapprochée du soleil ? L'admiration de ces *rustres polis et avares* pour la civilisation qui donnait un vernis charmant même au maréchal de Boufflers (mort vers 1712), qui était un sot, les empêchera de sentir le manque total de simplicité et de naturel chez Racine, et à comprendre ce vers de Camille :

Tout ce que je voyais me semblait Curiace.

Que j'écrive cela à cinquante-trois ans, rien de plus simple, mais que je le sentisse en 1800, que j'eusse une sorte d'horreur pour Voltaire et l'affectation gracieuse d'Alzire, avec mon mépris si voisin de la haine pour lui et à si bon droit, voilà ce qui m'étonne, moi, élève de M. Gagnon, qui s'estimait pour avoir été trois jours l'hôte de Voltaire à Ferney, moi élevé au pied du petit buste de ce grand homme, monté sur un pied d'ébène.

Est-ce moi ou le grand homme qui suis sur le pied d'ébène ?

Enfin, j'admire ce que j'étais littérairement en février 1800, quand j'écrivais : *cella*.

M. le comte Daru, si immensément supérieur à moi et à tant d'autres comme homme de travail, comme *avocat consultant*, n'avait pas l'esprit qu'il fallait pour soupçonner la valeur de ce fou orgueilleux.

M. Mazoïer, le commis mon voisin, qui apparemment s'ennuyait moins de ma folie mélangée d'orgueil que de la stupidité des deux autres commis à 2.500 francs, fit quelque cas de moi, et j'y fus indifférent. Je regardais tout ce qui admirait cet *adroit courtisan* nommé Racine comme incapable de voir et de sentir le *vrai beau* qui, à mes yeux, était la naïveté d'Imogène s'écriant :

Salut, pauvre maison, qui te gardes toi-même.

Les injures adressées à Shakespeare par M. Mazoïer, et avec quel mépris en 1800 ! ! m'attendrissaient jusqu'aux larmes en faveur de ce grand poète. Dans la suite, rien ne m'a fait adorer madame Dembowski comme les critiques que faisaient d'elle les prosaïques de Milan. Je puis nommer cette femme charmante, qui pense à elle aujourd'hui ? Ne suis-je pas le seul peut-être après onze ans qu'elle a quitté la terre ! J'applique ce même raisonnement à la comtesse Alexandrine Petit. Ne suis-je pas aujourd'hui son meilleur ami, après vingt-deux ans ? Et quand ceci paraîtra (si jamais un libraire ne craint pas de perdre son temps et son papier !), quand ceci paraîtra après ma mort à moi, qui songera encore à Métilde et à Alexandrine ? Et malgré leur modestie de femme et cette horreur d'occuper le public que je leur ai vue si elles voient public ce livre du lieu où elles sont, n'en seront-elles pas bien aises. ?

For who to dumb forget fulness a prey n'est pas bien aise, après tant d'années, de voir prononcer son nom par une bouche amie ?

Mais où diable en étais-je ? — A mon bureau, où j'écrivais *cela, cella.*

Pour peu que le lecteur ait l'âme commune, il s'imaginera que cette digression a pour but de cacher ma honte d'avoir écrit *cella.* Il se trompe, je suis un autre homme. Les erreurs de celui de 1800 sont des découvertes que je fais, la plupart, en écrivant ceci. Je ne me souviens, après tant d'années et d'événements, que du sourire de la femme que j'aimais. L'autre jour j'avais oublié la couleur d'un des uniformes que j'ai portés. Or, avez-vous éprouvé, ô lecteur bénévole, ce que c'est qu'un uniforme dans une armée victorieuse et unique objet de l'attention de la nation, comme l'armée de Napoléon !

Aujourd'hui, grâce au ciel, la Tribune a obscurci l'Armée.

Décidément je ne puis me rappeler la rue où était situé ce bureau dans lequel je saisis pour la première fois la plume administrative. C'était au bout de la rue Hillerin-Bertin, alors bordée de murs de jardins. Je me vois marchant sérieusement à côté du comte Daru allant à son bureau après le sombre et froid déjeuner de la maison n° 505, au coin de la rue de Bellechasse et de celle de Lille, comme disaient les bons écrivains de 1800.

Quelle différence pour moi si M. Daru m'avait dit : « Quand vous avez une lettre à faire, réfléchissez bien à ce que vous voulez dire, et ensuite à la couleur de réprimande ou d'ordre que le ministre qui signera votre lettre voudrait y donner. Votre parti pris, écrivez hardiment. »

Au lieu de cela, je tâchais d'imiter la forme des lettres de M. Daru, il répétait trop souvent le mot *en effet*, et moi je farcissais mes lettres de *en effet*.

Qu'il y a loin de là aux grandes lettres que j'inventais à Vienne en 1809, ayant une vérole horrible, le soin d'un hôpital de 4.000 blessés (l'oiseau vole), une maîtresse que j'e.f....s et une maîtresse que j'adorais ! Tout ce changement s'est opéré par mes seules réflexions, M. Daru ne m'a jamais donné d'autre avis que sa colère quand il biffait mes lettres.

Le bon Martial Daru était toujours avec moi sur le ton plaisant. Il venait souvent au bureau de la Guerre ; c'était la *Cour* pour un commissaire des guerres. Il avait la police de l'hôpital du Val-de-Grâce, ce me semble, en 1800, et sans doute M. le comte Daru, la meilleure tête de ce ministère en 1800 (ce n'est pas beaucoup dire), avait le secret de l'armée de réserve. Toutes les vanités du corps des commissaires des guerres étaient en ébullition pour la création du corps et bien plus pour la fixation de l'uniforme des *Inspecteurs aux Revues*.

Il me semble que je vis alors le général

Olivier, avec sa jambe de bois, récemment nommé *Inspecteur en chef aux Revues.* Cette vanité, portée au comble par le *chapeau bordé* et l'habit rouge, était la base de la conversation dans les maisons Daru et Cardon. Edmond Cardon, poussé par une mère habile et qui flattait ouvertement le comte Daru, avait la promesse d'une place d'adjoint aux Commissaires des guerres.

Le bon Martial me fit bientôt entrevoir la possibilité pour moi de ce charmant uniforme.

Je crois découvrir en écrivant que Cardon le porta, habit bleu de roi, broderie d'or au collet et aux parements des manches.

A cette distance, pour les choses de vanité (passion secondaire chez moi), les choses imaginées et les choses vues se confondent.

L'excellent Martial étant donc venu me voir à mon bureau trouva que j'avais envoyé une lettre dans le bureau avec le mot *Renseignements.*

« Diable ! me dit-il en riant, vous faites déjà courir les lettres ainsi ! »

C'était ce me semble un peu le privilège au moins d'un sous-chef de bureau, moi, dernier des surnuméraires.

Sur ce mot *Renseignements*, le bureau de la *Solde* par exemple donnait les renseignements relatifs à la *solde*, le bureau de l'*Habillement* ceux sur l'*habillement*. Supposons l'affaire d'un officier d'habillement du 7e léger devant restituer sur sa solde 107 francs, montant de la serge qu'il a reçue indûment, il me fallait les renseignements des deux bureaux susnommés pour pouvoir faire la lettre que M. Daru secrétaire général devait signer.

Je suis persuadé que bien peu de mes lettres allaient jusqu'à M. Daru, M. Barthomeuf, homme commun mais bon commis, commençait alors sa carrière comme son secrétaire particulier (c'est-à-dire commis payé par la Guerre), employé dans le bureau où écrivait M. Daru et avait à souffrir ses étranges incartades et les excès de travail que cet homme si terrible à soi et aux autres exigeait de tout ce qui l'approchait. J'eus bientôt pris la contagion de la *terreur* inspirée par M. Daru et ce sentiment ne m'a jamais quitté à son égard. J'étais né excessivement sensible et la dureté de ses paroles était sans bornes ni mesure.

De longtemps cependant je ne fus pas assez considérable pour être malmené par lui. Et maintenant que j'y réfléchis sensément, je vois que jamais je n'en ai été réellement maltraité. Je n'ai pas souffert la centième partie de ce qu'à enduré M. de Baure, ancien avocat général du Parlement de Pau. (Y avait-il un tel Parlement ? Je n'ai aucun livre à Civita-Vecchia pour le chercher, mais tant mieux, ce livre-ci, fait uniquement avec ma mémoire, ne sera pas fait avec d'autres livres.)

J'aperçois qu'entre M. Daru et moi il y a toujours eu comme un morceau d'affût emporté par le boulet ennemi qui fait *matelas* sur le corps de la pièce que vient frapper ce boulet (comme au Tésin, en 1800).

Mon matelas a été Joinville (aujourd'hui le baron Joinville, intendant militaire de la 1re division, Paris), ensuite M. de Baure. J'arrive à cette idée bien nouvelle pour moi : M. Daru m'aurait-il ménagé ? Il est bien possible. Mais la *terreur* a toujours été telle que cette idée ne me vient qu'en mars 1836.

Tout le monde à la Guerre frémissait en abordant le bureau de M. Daru. Pour moi j'avais peur rien qu'en en regardant la porte. Sans doute M. Daru père vit ce sentiment dans mes yeux, et avec le caractère que je lui vois maintenant (caractère *timide* à qui la terreur inspirée faisait *rempart*), ma peur dut lui faire ma cour.

Les êtres grossiers comme me semblait

M. Barthomeuf devaient sentir moins les paroles étranges dont ce *bœuf furibond* affublait tout ce qui l'approchait dans les moments où le travail l'accablait.

Avec cette *terreur* il faisait marcher les sept à huit cents commis du bureau de la Guerre dont les chefs, quinze ou vingt importants, la plupart sans aucun talent, nommés chefs de bureau étaient malmenés d'importance par M. Daru. Ces animaux, loin d'abréger et de simplifier les affaires, cherchaient souvent à les embrouiller, même pour M. Daru (as makes every day with me M. Lysimaque). Je conviens que cela est fait pour faire donner au diable un homme qui voit placées à gauche, sur son bureau, vingt ou trente lettres pressées à répondre. Et de ces lettres, demandant des ordres, j'en ai souvent vu un pied de haut sur le bureau de M. Daru, et encore arrivant par des gens qui seraient charmés de pouvoir vous dire : « Je n'ai pas reçu à temps les ordres de Votre Excellence... », et avec la perspective d'un Napoléon se fâchant à Schoenbrünn et disant qu'il y a eu *négligence*, etc.

CHAPITRE 42

Mes relations avec M. Daru, commencées ainsi en février ou janvier 1800, n'ont fini qu'à sa mort, en 1828 ou 1829. Il a été mon bienfaiteur en ce sens qu'il m'a employé de préférence à bien d'autres, mais j'ai passé bien des jours de pluie, avec mal à la tête, pour un poêle trop chauffé, à écrire de dix heures du matin à une heure après minuit, et cela sous les yeux d'un homme furieux et constamment en colère parce qu'il avait *toujours peur*. C'étaient les *ricochets* de son ami Picard, il avait une peur mortelle de Napoléon et j'avais une peur mortelle de lui.

On verra à Erfurt, 1809, le *nec plus ultra* de notre travail. M. Daru et moi, nous avons fait toute l'intendance générale de l'armée pendant trois ou huit jours. Il n'y avait pas même un copiste. Emerveillé de ce qu'il faisait, M. Daru ne se fâcha peut-être que deux ou trois fois par jour ; ce fut une partie de plaisir. J'étais en colère contre moi d'être ému par ses paroles dures. Cela ne faisait ni chaud ni froid à mon avancement, et d'ailleurs je n'ai jamais été fou pour l'avancement. Je le vois aujourd'hui, je cherchais le plus possible à être séparé de M. Daru, ne fût-ce que par une porte à demi-fermée. Ces propos durs sur les présents et les absents m'étaient insupportables.

Quand j'écrivais *cela* par deux ll, au bureau de la Guerre, au bout de la rue Hillerin-Bertin, j'étais bien loin de connaître encore toute la dureté de M. Daru ce volcan d'injures. J'étais tout étonné, j'avais à peine l'expérience d'un enfant de neuf ans, et toutefois je venais d'en avoir dix-sept au 23 janvier 1800.

Ce qui me désolait, c'était la conversation incessante des commis mes compagnons, qui m'empêchait de travailler et de penser ! Pendant plus de six semaines, arrivé à quatre heures, j'en étais hébété.

Félix Faure, mon camarade assez intime à Grenoble, n'avait nullement ma rêverie folle sur l'Amour et les Arts. C'est ce manque de folie qui a toujours coupé la pointe à notre amitié, qui n'a été que compagnonnage de vie. Il est aujourd'hui pair de France, premier Président, et condamne sans trop de remords, je pense, à vingt ans de prison les fous d'avril, trop punis par six mois de prison, vu le parjure *of the King*, et à mort ce second Bailly, le sage Morey, guillotiné le 19 mars 1836, coupable peut-être, mais sans preuve. Félix Faure résisterait à une injustice qu'on lui demanderait dans cinq minutes, mais si on donne vingt-quatre heures à sa vanité, la plus bourgeoise que je connaisse, si un roi lui demande la tête d'un innocent, il trouvera des raisons pour l'accorder. L'égoïsme et une absence complète de la plus petite étincelle de générosité, réunis à un caractère triste à l'anglaise et à la peur de devenir fou comme sa mère et sa sœur, forment le caractère de ce mien camarade. C'est le plus plat de tous mes amis et celui qui a fait la plus grande fortune.

Quelle différence de générosité avec Louis Crozet, Bigillion ! Mareste ferait les mêmes choses, mais sans se faire illusion, pour de l'avancement et *à l'italienne*. Edmond Cardon eût fait les mêmes choses en en gémissant et les recouvrant de toute la grâce possible, d'Argout avec courage et en songeant au danger personnel et surmontant cette crainte. Louis Crozet (ingénieur en chef à Grenoble) aurait exposé sa vie avec héroïsme plutôt que de condamner à vingt ans de prison un fou généreux comme Kersanné (que je n'ai jamais vu), trop puni par six mois de prison. Colomb refuserait encore plus nettement que Louis Crozet, mais on pourrait le tromper.

Ainsi, le plus plat à peu près de tous mes amis est Félix Faure (pair de France), avec lequel j'ai vécu intimement en janvier 1800, de 1803 à 1805, et de 1810 à 1815 et 16.

Louis Crozet m'a dit que ses talents atteignent à peine à la médiocrité, mais sa tristesse continue lui donnait de la dignité lorsque je le connus aux *Mathématiques*, ce me semble, vers 1797. Son père, né très pauvre, avait fait une jolie fortune dans l'administration des Finances et avait un beau domaine à Saint-Ismier (à deux lieues de Grenoble, route de Barraux et Chambéry).

Mais je réfléchis qu'on va prendre pour de l'*envie* ma sévérité envers ce plat pair de France. Me croira-t-on quand j'ajouterai que je dédaignerais bien de changer de réputation avec lui ? Dix mille francs et être exempt de poursuites *for my future writings* serait mon *bâton de maréchal*, idéal, il est vrai.

Félix Faure me présenta, à ma demande, à Fabien, maître d'armes rue Montpensier, je crois, rue des Cabriolets, près le Théâtre-Français, derrière Corazza, près du passage vis-à-vis la fontaine et la maison où Molière est mort. Là, je faisais des armes non pas avec, mais dans la même salle que plusieurs Grenoblois.

Deux grands et sales coquins entre autres (je parle du fond, et non de l'apparence, et de coquinerie en affaires privées, non de l'état), MM. Casimir Périer, depuis ministre, et Duchesne, membre de la Chambre des Députés en 1836. Ce dernier non seulement volait au jeu dix francs, à Grenoble, vers 1820, mais y a été pris sur le fait.

Casimir Périer était peut-être alors le plus beau des jeunes gens de Paris ; il était sombre, sauvage, ses beaux yeux montraient de la folie.

Je dis folie dans le sens propre. Mme Savoye de Rollin, sa sœur, dévote célèbre et cependant pas méchante, avait été folle et pendant plusieurs mois avait tenu des propos dignes de l'Arétin, et en termes les plus clairs, sans aucun voile. Cela est drôle, où une dévote de fort bonne compagnie peut-elle prendre une douzaine de mots que je n'ose écrire ici ? Ce qui explique un peu ce genre d'amabilités, c'est que M. Savoye de Rollin, homme d'infiniment d'esprit, libertin philosophe, etc., etc., ami de mon oncle, était devenu nul par abus un an ou deux avant son mariage avec la fille de Périer *milord*. C'est le nom que Grenoble donnait à un homme d'esprit, ami de ma famille, qui méprisait de tout son cœur la bonne compagnie et qui a laissé trois cent cinquante mille francs à chacun de ses dix ou douze enfants[1], tous plus ou moins emphatiques, bêtes et fous. Leur précepteur avait été le mien, ce profond et sec coquin, M. l'abbé Raillanne.

M. Périer *milord* ne pensait jamais qu'à l'argent. Mon grand-père Gagnon qui l'aimait malgré son protestantisme en *bonne compagnie* qui irritait beaucoup M. Gagnon me racontait que M. Périer en arrivant dans un salon ne pouvait se dispenser au premier coup d'œil de faire le compte fort exact de ce qu'avait coûté l'ameublement. Mon grand-père, comme tous les orthodoxes, prêtait des aveux humiliants à M. Périer *milord*, qui fuyait la bonne compagnie de Grenoble comme la peste (vers 1780).

Un soir, mon grand-père le trouva dans la rue : « Montez avec moi chez Mme de Quinsonnas.

— Je vous avouerai une chose, mon cher Gagnon, lorsqu'on a été quelque temps

---

[1]. Cinq cent mille francs à chacun des dix enfants. *Note de Colomb.*

de suite sans voir la bonne compagnie et qu'on a pris une certaine habitude de la mauvaise, on se trouve déplacé dans la bonne. »

Je suppose que la bonne compagnie des Présidents au parlement de Grenoble, mesdames de Sassenage, de Quinsonnas, de Bailly, contenait encore un degré d'alliage ou d'*affectation* trop fort pour un homme d'un génie vif comme M. Périer *milord*. Je pense que je me serais fort ennuyé dans la société où Montesquieu brillait vers 1745, chez Mme Geoffrin ou chez Mme de Mirepoix. J'ai découvert dernièrement que l'esprit des vingt premières pages de La Bruyère (qui, en 1803, fit mon éducation littéraire, d'après les éloges de Saint-Simon dans les éditions en trois et sept volumes) est une copie exacte de ce que Saint-Simon appelle avoir infiniment d'esprit. Or, en 1836, ces vingt premières pages sont puériles, vides, de très bon ton assurément, mais ne valent pas trop la peine d'être écrites. Le style en est admirable en ce qu'il ne gâte pas la pensée, qui a le malheur d'être *sine ictu*. Ces vingt pages ont eu de l'esprit peut-être jusqu'en 1789. L'esprit si *délicieux* pour qui le sent ne dure pas. Comme une belle pêche passe en quelques jours, l'*esprit* passe en deux cents ans, et bien plus vite s'il y a révolution dans les rapports que les classes d'une société ont entre elles, dans la distribution du pouvoir dans une société.

L'esprit doit être de cinq ou six degrés au-dessus des idées qui forment l'intelligence d'un public.

S'il est de huit degrés au-dessus, il fait *mal à la tête à ce public* (défaut de la conversation de Dominique, quand il est animé).

Pour achever d'éclairer ma pensée, je dirai que La Bruyère était à cinq degrés au-dessus de l'intelligence commune des ducs de Saint-Simon, de Charost, de Beauvilliers, de Chevreuse, de la Feuillade, de Villars, de Montfort, de Foix, de Lesdiguières (le vieux Canaple), d'Harcourt, de la Rocheguyon, de la Rochefoucauld, d'Humières, de Mmes de Maintenon, de Caylus, de Berry, etc., etc., etc.

La Bruyère a dû être au niveau des intelligences vers 1780, au temps du duc de Richelieu, Voltaire, M. de Vaudreuil, le duc de Nivernais (prétendu fils de Voltaire), quand ce plat Marmontel passait pour spirituel, du temps de Duclos, Collé, etc., etc.

En 1836, excepté pour les choses d'art littéraire ou plutôt de *style*, en en exceptant formellement les jugements sur Racine, Corneille, Bossuet, etc., La Bruyère reste au-dessous de l'intelligence d'une société qui se réunirait chez Mme Boni de Castellane et qui serait composée de MM. Mérimée, Molé, Koreff, moi, Dupin aîné, Thiers, Béranger, duc de Fitz-James, Sainte-Aulaire, Arago, Villemain.

Ma foi l'esprit manque, chacun réserve toutes ses forces pour un métier qui lui donne un rang dans le monde. L'esprit, *argent comptant*, imprévu même pour le parler, l'esprit de Dominique fait peur aux convenances. Si je ne me trompe, l'*esprit* va se réfugier chez les dames de mœurs faciles, chez Mme Ancelot (qui n'a pas plus d'amants que Mme de Talaru, la première ou la seconde) mais chez laquelle on ose plus.

Quelle terrible digression *en faveur* des lecteurs de 1880 ! Mais comprendront-ils l'allusion *en faveur* ? J'en doute, les crieurs publics auront alors un autre mot pour faire acheter les discours du roi. Qu'est-ce qu'une allusion expliquée ? De l'esprit à la *Charles Nodier*, de l'esprit ennuyeux.

Je veux coller ici un exemple du style de 1835. C'est M. Gozlan qui parle, dans le *Temps*...

....

Le plus doux, le plus vraiment jeune de tous ces sombres Grenoblois qui faisaient des armes chez l'élégant Fabien, sur mon adversaire. Cela m'a gêné toutes les fois qu'à l'armée je me suis vu l'épée au côté. A Brunswick par exemple ma maladresse eût pu m'envoyer *ad patres* avec le grand chambellan de Münchhausen, heureusement, il ne fut pas brave ce jour-là, ou plutôt il ne voulut pas se compromettre. J'ai eu de même un métalent pour le violon, et au contraire un talent naturel et singulier pour tirer les perdrix et les lièvres et, à Brunswick, un corbeau d'un coup de pistolet, à quarante pas, la voiture allant au grand trot, ce qui m'a valu le respect des aides-de-camp du général Rivaud, cet homme si poli. (*Rivaud de la Raffinière*, haï du prince de Neuchâtel (Berthier), depuis commandant à Rouen et ultra vers 1825.)

J'ai eu le bonheur aussi d'atteindre un *banco-zettel*, à Vienne, au Prater, dans le duel arrangé avec M. Raindre, colonel ou chef d'escadron d'artillerie légère. Ce brave à trois poils ne le fut guère !

Enfin, j'ai porté l'épée toute ma vie ne sachant pas la manier. J'ai toujours été gros et facile à essouffler. Mon projet a toujours été : « Y êtes-vous ? » et droit le coup de seconde.

Dans le temps où je faisais des armes avec César Pascal, Félix Faure, Duchesne, Casimir Périer et deux ou trois autres était sans doute M. César Pascal[1], fils d'un père également aimable et auquel Casimir Périer donna la croix étant ministre, et la recette générale d'Auxerre à son frère naturel, l'aimable Turquin, et une autre recette générale, celle de Valence au neveu de Casimir, M. Camille Teisseire.

Mais, au milieu de sa demi-friponnerie comme négociant, M. Casimir Périer avait la qualité dauphinoise : il savait *vouloir*. Le souffle de Paris, affaiblissant, corrodant la faculté de *vouloir*, n'avait pas encore pénétré dans nos montagnes en 1800. J'en suis témoin fidèle pour mes camarades. Napoléon, Fieschi avaient la faculté de *vouloir* qui manque à M. Villemain, à M. Casimir Delavigne, à M. de Pastoret (Amédée), élevés à Paris.

Chez l'élégant Fabien, je me convainquis de mon métalent pour les armes. Son prevôt, le sombre Renouvier, qui s'est tué, je pense, après avoir tué en duel d'un coup d'épée son dernier ami, me fit comprendre très honnêtement mon métalent. J'ai été bien heureux de me battre toujours au pistolet, je ne prévoyais pas ce bonheur en 1800, et, d'ennui de parer tierce et quarte toujours trop tard, je résolus, le cas échéant, de fondre à fond

---

1. Mort à Bourgouin en mai 1838. *Note de Colomb.*

Dauphinois, j'allai voir Périer *milord* (en Dauphiné, on supprime le Monsieur quand il y a un surnom). Je le trouvai dans un appartement de ses belles maisons des Feuillants (près la rue Castiglione d'aujourd'hui). Il occupait un des appartements qu'il ne pouvait pas louer. C'était l'avare le plus gai et de la meilleure compagnie. Il sortit avec moi, il portait un habit bleu qui avait sur la basque une tache rousse de huit pouces de diamètre.

Je ne comprenais pas comment cet homme d'une apparence si aimable (à peu près comme mon cousin Rebuffel) pouvait laisser mourir de faim ses fils Casimir et Scipion.

La maison Périer prenait à 5 % les économies des servantes, des huissiers, des petits propriétaires, c'étaient des sommes de 500, 800, rarement 1.500 francs. Quand vinrent les assignats, et que pour un louis d'or on avait cent francs, elle remboursa tous ces pauvres diables, plusieurs se pendirent ou se noyèrent.

Ma famille trouva ce procédé infâme. Il ne me surprend pas de marchands, mais pourquoi une fois arrivé aux millions n'avoir pas trouvé un prétexte honnête de rembourser les servantes ?

Ma famille était parfaite sur les choses d'argent, elle eut grand'peine à tolérer un de nos parents qui remboursa en assignats une somme de huit ou dix mille francs, prêtée à ses auteurs en billets de la banque de Law (1718, je pense, à 1793).

Je ferais du roman si je voulais noter ici l'impression que me firent les choses de Paris, impression fort modifiée depuis.

CHAPITRE 43

Je ne sais si j'ai dit qu'à la demande de son père M. Daru me mena à deux ou trois de ces sociétés littéraires dont la présidence faisait tant de plaisir à son père ? J'y admirai la taille et surtout la gorge de madame *Pipelet*, femme d'un pauvre diable de chirurgien herniaire. Je l'ai un peu connue depuis, dans son état de princesse.

M. Daru récitait ses vers avec une bonhomie qui me sembla bien étrange sur cette figure sévère et allumée, je le regardais avec étonnement. Je me disais : il faut l'imiter ; mais je n'y sentais aucun goût.

Je me rappelle le profond ennui des dimanches, je me promenais au hasard ; c'était donc là ce Paris que j'avais tant désiré ! L'absence de montagnes et de bois me serrait le cœur. Les bois étaient intimement liés à mes rêveries d'amour tendre et dévoué, comme dans l'Arioste. Tous les hommes me semblaient *prosaïques* et plats dans les idées qu'ils avaient de l'amour et de la littérature. Je me gardais de faire confidence de mes objections contre Paris. Ainsi je ne m'aperçus pas que le centre de Paris est à une heure de distance d'une belle forêt, séjour des cerfs sous les rois. Quel n'eût pas été mon ravissement, en 1800, de voir la forêt de Fontainebleau, où il y a quelques petits rochers en miniature, les bois de Versailles, Saint-Cloud, etc., etc. Probablement j'eusse trouvé que ces bois ressemblaient trop à un jardin.

Il fut question de nommer des adjoints aux commissaires des guerres. Je m'en aperçus au redoublement des prévenances de Mme Cardon pour la famille Daru et même pour moi. M. Daru passa un matin chez le ministre avec le rapport sur cet objet.

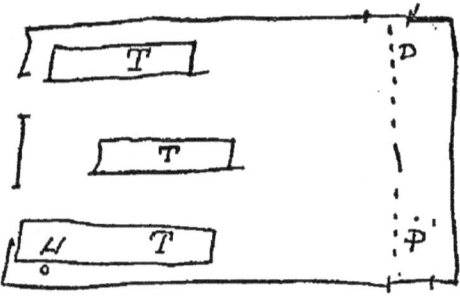

Mon anxiété a fixé dans ma tête l'image

du bureau où j'attendais le résultat, j'en avais changé, ma table était située dans une fort grande pièce : H moi, TT tables, occupées par divers commis. M. Daru suivit la ligne DD', en revenant de chez le ministre, il avait fait nommer, ce me semble, Cardon et M. Barthomeuf. Je ne fus point jaloux de Cardon, mais bien de M. Barthomeuf, pour lequel j'ai toujours eu de l'éloignement. En attendant la décision, j'avais écrit sur mon appuie-main : MAUVAIS PARENT, en lettres majuscules.

Notez que M. Barthomeuf était un excellent commis, dont M. Daru signait toutes les lettres, (c'est-à-dire M. Barthomeuf présentait vingt lettres, M. Daru en signait douze et signait en corrigeant six ou sept et en renvoyait à refaire une ou deux).

Des miennes il en signait à peine la moitié, et encore quelles lettres ! Mais M. Barthomeuf avait le génie et la figure d'un garçon épicier et, excepté les auteurs latins, qu'il savait comme il savait le *Règlement pour la solde,* il était incapable de dire un mot sur les rapports de la littérature avec la nature de l'homme, avec la manière dont il est affecté ; moi, je comprenais parfaitement la façon dont Helvétius explique Régulus, je faisais tout seul un grand nombre d'applications de ce genre, j'étais bien au delà de *Cailhava* dans l'art de la comédie, etc., etc., et je partais de là pour me croire le supérieur ou, du moins, l'égal de M. Barthomeuf.

M. Daru aurait dû me faire nommer et ensuite me faire travailler ferme. Mais le hasard m'a guidé par la main dans cinq ou six grandes circonstances de ma vie. Réellement, je dois une petite statue à *la Fortune*. Ce fut un extrême bonheur de n'être pas fait adjoint avec Cardon. Mais je ne pensais pas ainsi, je soupirais un peu en regardant son bel uniforme doré, son chapeau, son épée. Mais je n'eus pas le moindre sentiment de jalousie. Apparemment je comprenais que je n'avais pas une mère comme Mme Cardon. Je l'avais vu importuner M. Daru (Pierre) jusqu'à impatienter l'homme le plus flegmatique. M. Daru ne se fâchait pas, mais ses yeux de sanglier étaient à peindre. Enfin il lui dit devant moi : « Madame, j'ai l'honneur de vous promettre que, s'il y a des adjoints, M. votre fils le sera ».

La sœur de Mme Cardon était, ce me semble, Mme Auguié des Portes, dont les filles se liaient intimement alors avec la citoyenne Hortense Beauharnais. Ces demoiselles étaient élevées chez Mme Campan, la camarade et probablement l'amie de Mme Cardon.

Je riais et je déployais mon amabilité de 1800 avec Mlles Auguié, dont l'une épousa bientôt après, ce me semble, le général Ney.

Je les trouvais gaies et j'étais, je devais être, un étrange animal ; peut-être ces demoiselles avaient-elles assez d'esprit pour voir que j'étais *étrange* et non *plat*. Enfin je ne sais pourquoi, j'étais bien accueilli. Quel admirable salon à cultiver ! Voilà ce que M. Daru le père aurait dû me faire comprendre. Cette vérité, fondamentale à Paris, je ne l'ai entrevue, pour la première fois, que vingt-sept ans plus tard, après la fameuse bataille de San-Remo. La fortune, dont j'ai tant à me louer, m'a promené dans plusieurs salons des plus influents. J'ai refusé, en 1814, une place à millions, en 1828 j'étais en société intime avec MM. Thiers (ministre des Affaires étrangères, hier), Mignet, Aubernon, Béranger. J'avais une grande considération dans ce salon. Je trouvais M. Aubernon ennuyeux, Mignet, sans esprit, Thiers, trop effronté, bavard ; Béranger seul me plut, mais pour n'avoir pas l'air de faire la cour au pouvoir, je ne l'allai pas voir en prison et je laissai Mme Aubernon me prendre en guignon comme homme immoral.

Et Mme la comtesse Bertrand, en 1809 et

1810 ! Quelle absence d'ambition ou plutôt quelle paressse !

Je regrette peu l'occasion perdue. Au lieu de dix, j'aurais vingt mille ; au lieu de chevalier, je serais officier de la Légion d'honneur, mais j'aurais passé trois ou quatre heures par jour à ces platitudes d'ambition qu'on décore du nom de politique, j'aurais fait beaucoup de demi-bassesses, je serais préfet du Mans (en 1814, j'allais être nommé préfet du Mans).

La seule chose que je regrette, c'est le séjour de Paris, mais je serais las de Paris en 1836, comme je suis las de ma solitude parmi les sauvages de Civita-Vecchia.

A tout prendre, je ne regrette rien que de ne pas avoir acheté de la rente avec les gratifications de Napoléon, vers 1808 et 1809.

M. Daru le père n'en eût pas moins tort dans ses idées de ne pas me dire :

« Vous devriez chercher à plaire à Mme Cardon et à ses nièces, les demoiselles Auguié. Avec leur protection, vous serez fait commissaire des guerres deux ans plus tôt. Ne soufflez jamais mot même à Daru, de ce que je viens de vous dire. Rappelez-vous que vous n'aurez d'avancement que par les salons. Travaillez bien le matin, et le soir cultivez les salons, mon affaire est de vous guider. Par exemple donnez-vous le mérite de l'assiduité, commencez par celui-là. Ne manquez jamais un mardi de Mme Cardon. »

Il fallait tout ce bavardage pour être compris d'un fou qui songeait plus à *Hamlet* et au *Misanthrope* qu'à la vie réelle. Quand je m'ennuyais dans un salon, j'y manquais la semaine d'après et n'y reparaissais qu'au bout de quinze jours. Avec la franchise de mon regard et l'extrême malheur et prostration de forces que l'*ennui* me donne, on voit combien je devais avancer mes affaires par ces absences. D'ailleurs je disais toujours d'un sot : *c'est un sot*. Cette manie m'a valu un *monde d'ennemis*. Depuis que j'ai eu de l'esprit (en 1826), les épigrammes sont arrivés en foule et des *mots qu'on ne peut plus oublier*, me disait un jour cette bonne madame Mérimée. J'aurais dû être tué dix fois, et pourtant je n'ai que trois blessures, dont deux sont des *nioles* (à la main et au pied gauches).

Mes salons étaient, de décembre à avril 1800 : Mme Cardon, Mme Rebuffel, Mme Daru, M. Rebuffel, Mme Sorel (je crois), dont le mari m'avait servi de chaperon pendant le voyage[1]. C'étaient des gens aimables

---

1. Stendhal l'avait nommé antérieurement M. Rosset. N.D.L.E.

et utiles, serviables, qui entraient dans le détail de mes affaires, qui me cultivaient même à cause du crédit déjà fort remarquable de M. Daru (le comte). Ils m'ennuyaient, car ils n'étaient nullement romanesques et littéraires (*cut there*) ; je les lâchai en grand.

Mes cousins Martial et Daru (le comte) avaient fait la guerre de la Vendée. Je n'ai jamais vu de gens plus purs de tout sentiment patriotique, cependant ils avaient couru la chance à Rennes, à Nantes et dans toute la Bretagne, d'être assassinés vingt fois ; ainsi ils n'adoraient point les Bourbons, ils en parlaient avec le respect que l'on doit au malheur, et Mme Cardon nous disait à peu près la vérité sur Marie-Antoinette : bonne, bornée, pleine de hauteur, fort galante, et se moquant fort de l'ouvrier serrurier nommé Louis XVI, si différent de l'aimable comte d'Artois. Du reste, Versailles, la cour du roi Pétaud, et personne, à l'exception peut-être de Louis XVI, et encore rarement, ne faisant une promesse ou un serment au peuple que dans l'intention de le violer.

Je crois me rappeler qu'on lut chez Mme Cardon les *Mémoires* de sa camarade, Mme Campan, bien différents de l'homélie niaise que l'on a imprimée vers 1820. Plusieurs fois nous ne repassâmes la rue qu'à deux heures du matin, j'étais dans mon centre, moi, adorateur de Saint-Simon, et je parlais d'une façon qui jurait avec ma niaiserie et mon exaltation habituelles.

J'ai adoré Saint-Simon en 1800, comme en 1836. Les épinards et Saint-Simon ont été mes seuls goûts durables, après celui toutefois de vivre à Paris avec cent louis de rente, faisant des livres. Félix Faure m'a rappelé en 1829 que je lui parlais ainsi en 1798.

La famille Daru fut tout occupée d'abord du décret d'organisation du corps des inspecteurs aux revues, décret souvent corrigé, ce me semble, par M. Daru (le comte), et ensuite de la nomination du comte Daru et de Martial ; le premier fut inspecteur et le second sous-inspecteur aux revues, tous les deux avec le chapeau bordé et l'habit rouge. Ce bel uniforme choqua le militaire, bien moins vain toutefois en 1800 que deux ou trois ans après, quand la vertu eût été tournée en ridicule.

Je crois avoir épuisé mon premier séjour à Paris de novembre 1799 à avril ou mai 1800, j'ai même trop bavardé, il y aura à effacer. Excepté le bel uniforme de Cardon (collet brodé en or), la salle de Fabien et mes tilleuls au fond du jardin, à la Guerre, tout le reste ne paraît guère qu'à travers un nuage. Sans doute je voyais souvent Mante, mais nul souvenir. Fut-ce alors que Grand-Dufay mourut au café de l'Europe, sur le boulevard du Temple, ou en 1803 ? Je ne puis le dire.

A la Guerre, MM. Barthomeuf et Cardon étaient adjoints et moi très piqué et très ridicule, sans doute, aux yeux de M. Daru. Car enfin, je n'étais pas en état de faire la moindre lettre. Martial cet être excellent était toujours avec moi sur le ton plaisant et ne me fit jamais apercevoir que comme commis je n'avais pas le sens commun. Il était tout occupé de ses amours avec madame Lavalette, avec madame Petiet, pour laquelle son raisonnable frère, le comte Daru, s'était donné bien des ridicules. Il prétendait attendrir cette méchante fée par des vers. Je sus tout cela quelques mois plus tard [1].

Toutes ces choses si nouvelles pour moi faisaient une cruelle distraction à mes idées littéraires ou d'amour passionné et romanesque, c'était alors la même chose. D'un autre côté mon horreur pour Paris diminuait, mais j'étais absolument fou, ce qui me semblait vrai en ce genre un jour me paraissait faux le lendemain. Ma tête était absolument le jouet de mon âme.

---

1. Placer les portraits physiques.

Mais au moins je ne m'ouvris à personne.

Depuis trente ans au moins j'ai oublié cette époque si ridicule de mon premier voyage à Paris, sachant en gros qu'il n'y avait qu'à siffler, je n'y arrêtais pas ma pensée. Il n'y a pas huit jours que j'y pense de nouveau ; et s'il y a une prévention dans ce que j'écris elle est contre le Brulard de ce temps-là.

Je ne sais si je fis les yeux doux à madame Rebuffel et à sa fille pendant ce premier voyage, et si nous eûmes la douleur de perdre madame Cambon moi étant à Paris. Je me souviens seulement que Mlle Adèle Rebuffel me contait des particularités singulières sur Mlle Cambon dont elle avait été la compagne et l'amie. Mlle Cambon ayant une dot de vingt-cinq ou trente mille francs de rente ce qui était énormissime au sortir de la République, en 1800, éprouva le sort de toutes les positions trop belles, elle fut victime des idées les plus stupides. Je suppose qu'il fallait la marier à seize ans, ou du moins lui faire faire beaucoup d'exercice.

Il ne me reste pas le moindre souvenir de mon départ pour Dijon et l'armée de réserve, l'excès de la joie a tout absorbé. MM. Daru (le comte), alors inspecteur aux Revues, et Martial, sous-inspecteur, étaient partis avant moi.

Cardon ne vint point sitôt, son adroite mère lui voulait faire faire un autre pas. Il arriva bientôt à Milan, aide-de-camp du ministre de la Guerre, Carnot. Napoléon avait employé ce grand citoyen pour l'*user*, (*id est* : rendre impopulaire et ridicule, s'il le pouvait. Bientôt Carnot retomba dans une pauvreté noble dont Napoléon n'eut honte que vers 1810, quand il n'eut plus peur de lui).

Je n'ai nulle idée de mon arrivée à Dijon, pas plus de mon arrivée à Genève. L'image de ces deux villes a été effacée par les images plus complètes que m'ont laissées les voyages postérieurs. Sans doute j'étais fou de joie.

J'avais avec moi une trentaine de volumes stéréotypes. L'idée de perfectionnement de la *nouvelle invention* me faisait adorer ces volumes. Très susceptible pour les sensations d'odeur, je passais ma vie à me laver les mains quand j'avais lu un bouquin, et la mauvaise odeur m'avait donné un préjugé contre le Dante et les belles éditions de ce poète rassemblées par ma pauvre mère, idée toujours chère et sacrée pour moi, et qui vers 1800 était encore au premier plan.

En arrivant à Genève, j'étais fou de la *Nouvelle Héloïse*, ma première course fut pour la vieille maison où est né J.-J.

Rousseau en 1712, que j'ai trouvée en 1833 changée en une superbe maison, image de l'utilité et du commerce.

A Genève les diligences manquaient, je trouvai un commencement du désordre qui apparut régner à l'armée. J'étais recommandé à quelqu'un, apparemment à un commissaire des guerres français, laissé pour les passages et les transports. Le comte Daru avait laissé un cheval malade ; j'attendis sa guérison.

Là enfin recommencent mes souvenirs. Après plusieurs délais, un matin, vers les huit heures, on attache sur ce jeune cheval suisse et bai clair mon énorme porte manteau, et un peu en dehors de la porte de Lausanne, je monte à cheval.

C'était pour la seconde ou troisième fois de ma vie. Séraphie et mon père s'étaient constamment opposés à me voir monter à cheval, faire des armes, etc.

Ce cheval, qui n'était pas sorti de l'écurie depuis un mois, au bout de vingt pas, s'emporte, quitte la route et se jette, vers le lac, dans un champ planté de saules ; je crois que le porte manteau le blessait.

CHAPITRE 44

Je mourais de crainte, mais le sacrifice était fait ; les plus grands dangers n'étaient pas faits pour m'arrêter. Je regardais les épaules de mon cheval, et les trois pieds qui me séparaient de terre me semblaient un précipice sans fond. Pour comble de ridicule, je crois que j'avais des éperons.

Mon jeune cheval fringant galopait donc au hasard, au milieu de ces saules, quand je m'entendis appeler : c'était le domestique, sage et prudent, du capitaine Burelviller qui, enfin, en me criant de retirer la bride et s'approchant, parvint à arrêter le cheval, après une galopade d'un quart d'heure, au moins, dans tous les sens. Il me semble qu'au milieu de mes peurs sans nombre, j'avais celle d'être entraîné dans le lac.

« Que me voulez-vous ? dis-je à ce domestique, quand enfin il eut pu calmer mon cheval.

— Mon maître désire vous parler. »

Aussitôt je pensai à mes pistolets,

c'est sans doute quelqu'un qui me veut arrêter. La route était couverte de passants, mais toute ma vie j'ai vu mon idée et non la réalité (comme un *cheval ombrageux*, me dit, dix-sept ans plus tard, M. le comte de Tracy).

Je revins fièrement au capitaine, que je trouvai obligeamment arrêté sur la grand'route.

« Que me voulez-vous, monsieur ? » lui dis-je, m'attendant à faire le coup de pistolet.

Le capitaine était un grand homme blond, entre deux âges, maigre, et d'un aspect narquois et fripon, rien d'engageant, au contraire. Il m'expliqua qu'en passant à la porte, M... lui avait dit :

« Il y a là un jeune homme qui s'en va à l'armée, sur ce cheval, qui monte pour la première fois à cheval, et qui n'a jamais vu l'armée. Ayez la charité de le prendre avec vous pour les premières journées. »

M'attendant toujours à me fâcher et pensant à mes pistolets, je considérais le sabre droit et immensément long du capitaine Burelviller qui, ce me semble, appartenait à l'arme de la grosse cavalerie : habit bleu, boutons et épaulettes d'argent.

Je crois que, pour comble de ridicule, j'avais un sabre, même, en y pensant, j'en suis sûr.

Autant que je puis en juger, je plus à ce M. Burelviller, qui avait l'air d'un grand sacripant, qui peut-être avait été chassé d'un régiment et cherchait à se raccrocher à un autre. Mais tout cela est conjecture, comme la physionomie des personnages que j'ai connus à Grenoble avant 1800. Comment aurais-je pu juger ?

M. Burelviller répondait à mes questions et m'apprenait à monter à cheval. Nous faisions l'étape ensemble, allions prendre ensemble notre billet de logement, et cela dura jusqu'à la Casa d'Adda, Porta Nova, à Milan, (à gauche, en allant vers la porte).

J'étais absolument ivre, fou de bonheur et de joie. Ici commence une époque d'enthousiasme et de bonheur parfait. Ma joie, mon ravissement ne diminuèrent un peu que lorsque je devins dragon au 6e régiment, et encore ce ne fut qu'une éclipse.

Je ne croyais pas être alors au comble du bonheur qu'un être humain puisse trouver ici-bas.

Mais telle est la vérité pourtant. Et cela, quatre mois après avoir été si malheureux à Paris, quand je m'aperçus ou crus m'apercevoir que Paris n'était pas, par soi, le comble du bonheur.

Comment rendrais-je le ravissement de Rolle ?

Il faudra peut-être relire et corriger ce passage, contre mon dessein, de peur de mentir avec artifice comme Jean-Jacques Rousseau.

Comme le sacrifice de ma vie à ma fortune était fait et parfait, j'étais excessivement hardi à cheval, mais hardi en demandant toujours au capitaine Burelviller : « Est-ce que je vais me tuer ? »

Heureusement, mon cheval était suisse et pacifique et raisonnable comme un Suisse ; s'il eût été romain et traître, il m'eût tué cent fois.

Apparemment que je plus à M. Burelviller, et il s'appliqua à me former en tout ; et il fut pour moi, de Genève à Milan, pendant un voyage à quatre ou cinq lieues par jour, ce qu'un excellent gouverneur doit être pour un jeune prince. Notre vie était une conversation agréable, mêlée d'événements singuliers et non sans quelque petit péril ; par conséquent, impossibilité de l'apparence la plus éloignée de l'ennui. Je n'osais dire mes chimères ni parler *littérature* à ce roué de vingt-huit à trente ans qui paraissait le contraire de l'émotion.

Dès que nous arrivions à l'étape, je le quittais, je donnais bien l'étrenne à son domestique pour soigner mon cheval, je pouvais donc aller rêver en paix.

A Rolle, ce me semble, arrivé de bonne heure, ivre de bonheur de la lecture de la *Nouvelle Héloïse* et de l'idée d'aller passer à Vevey, prenant peut-être Rolle pour Vevey, j'entendis tout à coup sonner en grande volée la cloche majestueuse d'une église[1] située dans la colline, à un quart de lieue au-dessus de Rolle ou de Nyon, j'y montai. Je voyais ce beau lac s'étendre sous mes yeux, le son de la cloche était une ravissante musique qui accompagnait mes idées, en leur donnant une physionomie sublime.

Là, ce me semble, a été mon approche la plus voisine du *bonheur parfait*.

Pour un tel moment il vaut la peine d'avoir vécu.

Dans la suite, je parlerai de moments semblables, où le fond pour le bonheur était peut-être réel, mais la sensation était-elle aussi vive ? le transport du bonheur aussi parfait ?

Que dire d'un tel moment, sans mentir, sans tomber dans le roman ?

A Rolle ou Nyon, je ne sais lequel (à vérifier, il est facile de voir cette église entourée de huit ou dix grands arbres) à Rolle exactement commença le temps

---

1 Cette église devait être un temple protestant, car il n'y a pas d'église catholique dans le canton de Vaud. *Note de Colomb.*

heureux de ma vie, ce pouvait être alors le 8 ou 10 de mai 1800.

Le cœur me bat encore en écrivant ceci, trente-six ans après. Je quitte mon papier, j'erre dans ma chambre et je reviens écrire. J'aime mieux manquer quelque trait vrai que de tomber dans l'exécrable défaut de faire de la déclamation, comme c'est l'usage.

A Lausanne, je crois, je plus à M. Burelviller. Un capitaine suisse, retiré, jeune encore, était municipal. C'était quelque ultra échappé d'Espagne ou de quelque autre Cour. En s'acquittant de la besogne désagréable de distribuer des billets de logement à ces sacripants de Français, il se prit de bec avec nous et alla jusqu'à dire, en parlant de l'*honneur* que nous avions de servir notre patrie : « S'il y a de l'honneur... »

Mon souvenir sans doute exagère le mot.

Je mis la main à mon sabre et voulus le tirer, ce qui me prouve que j'avais un sabre.

M. Burelviller me retint.

« Il est tard, la ville est encombrée, il s'agit d'avoir un logement », me dit-il à peu près, et nous quittâmes le municipal, ancien capitaine, après lui avoir bien dit son fait.

Le lendemain, étant à cheval, sur la route de Villeneuve, M. Burelviller m'interrogea sur ma façon de faire des armes.

Il fut stupéfait quand je lui avouai ma complète ignorance. Il me fit, ce me semble, mettre en garde, à la première fois que nous nous arrêtâmes pour laisser pisser nos chevaux.

« Et qu'auriez-vous donc fait, si ce chien d'aristocrate était sorti avec nous ?

— J'aurais foncé sur lui. »

Apparemment que ce mot fut dit comme je le pensais.

Le capitaine Burelviller m'estima beaucoup depuis et me le dit.

Il fallait que ma parfaite innocence et totale absence du mensonge fût bien évidente pour donner de la valeur à ce qui, dans toute autre position, eût été une blague tellement grossière.

Il se mit à me donner quelques principes d'estocade, dans nos haltes le soir.

« Autrement vous vous ferez enfiler comme un... »

J'ai oublié le terme de comparaison.

Martigny, je crois, au pied du Grand Saint-Bernard, m'a laissé un souvenir : le beau général Marmont, en habit de conseiller d'Etat, bleu de ciel brodant sur bleu de roi, s'occupant à faire filer un parc d'artillerie. Mais comment cet uniforme est-il possible ? Je l'ignore, mais je le vois encore.

Peut-être vis-je le général Marmont en uniforme de général, et plus tard lui ai-je appliqué l'uniforme de conseiller d'Etat. (Il est à Rome, ici près, mars 1836, le *traître* duc de Raguse, malgré le mensonge que le lieutenant-général Després m'a fait devant ma cheminée, au lieu où j'écris, il n'y a pas douze jours.)

Le général Marmont était à gauche de la route, vers les sept heures du matin, au sortir de Martigny, il pouvait être alors le 12 ou le 14 de mai 1800.

J'étais gai et actif comme un jeune poulain, je me regardais comme Calderon faisant ses campagnes en Italie, je me regardais comme un curieux détaché à l'armée pour voir, mais destiné à faire des comédies comme Molière. Si j'avais un emploi par la suite, ce serait pour vivre, n'étant pas assez riche pour courir le monde à mes frais. Je ne demandais qu'à voir de grandes choses. Ce fut donc, avec plus de joie encore qu'à l'ordinaire que j'examinai Marmont, ce jeune et beau favori du Premier Consul.

Comme les Suisses, dans les maisons desquels nous avions logé à Lausanne, Villeneuve, Sion, etc., etc., nous avaient fait un tableau infâme du Grand-Saint-

Bernard, j'étais plus gai encore qu'à l'ordinaire, plus gai n'est pas le mot, c'est plus heureux. Mon plaisir était si vif, si intime, qu'il en était pensif.

J'étais, sans m'en rendre raison, extrêmement sensible à la beauté des paysages. Comme mon père et Séraphie vantaient beaucoup les beautés de la nature en véritables hypocrites qu'ils étaient, je croyais avoir la nature en horreur. Si quelqu'un m'eût parlé des beautés de la Suisse, il m'eût fait mal au cœur, je sautais les phrases de ce genre dans les *Confessions* et l'*Héloïse* de Rousseau, ou plutôt, pour être exact, je les lisais en courant. Mais ces phrases si belles me touchaient malgré moi.

Je dus avoir un un plaisir extrême en montant le Saint-Bernard, mais, ma foi, sans les précautions, qui souvent me semblaient extrêmes et presque ridicules, du capitaine Burelviller, je serais mort peut-être dès ce premier pas.

Que l'on veuille bien se rappeler ma ridiculissime éducation. Pour ne me faire courir aucun danger, mon père et Séraphie m'avaient empêché de monter à cheval et, autant qu'il avaient pu, d'aller à la chasse. Tout au plus j'allais me promener avec un fusil, mais jamais de partie de chasse véritable, où l'on trouve la faim, la pluie, l'excès de la fatigue.

De plus, la nature m'a donné les nerfs délicats et la peau sensible d'une femme. Je ne pouvais pas, quelques mois après, tenir mon sabre deux heures sans avoir la main pleine d'ampoules. Au Saint-Bernard, j'étais pour le physique comme une jeune fille de quatorze ans ; j'avais dix-sept ans et trois mois, mais jamais fils gâté de grand seigneur n'a reçu une éducation plus molle.

Le courage militaire aux yeux de mes parents était une qualité des Jacobins, on ne prisait que le courage d'avant la Révolution qui avait valu la croix de Saint-Louis au chef de la branche riche de la famille (M. le capitaine Beyle de Sassenage).

Excepté pour le moral, par moi puisé dans les livres prohibés par Séraphie, j'arrivai donc au Saint-Bernard poule mouillée complète. Que fussé-je devenu sans la rencontre de M. Burelviller et si j'eusse marché seul ? J'avais de l'argent et n'avais pas même songé à prendre un domestique. Etourdi par mes délicieuses rêveries, basées sur l'Arioste et la *Nouvelle Héloïse*, toutes les remarques prudentes glissaient sur moi ; je les trouvais bourgeoises, plates, odieuses.

De là, mon dégoût, même en 1836, pour les faits *comiques*, où se trouve de toute nécessité un personnage bas. Ils me font un dégoût qui va jusqu'à l'horreur.

Drôle de disposition pour un successeur de Molière !

Tous les sages avis des hôteliers suisses avaient donc glissé sur moi.

A une certaine hauteur, le froid devint piquant, une brume pénétrante nous environna, la neige couvrait la route depuis longtemps. Cette route, petit sentier entre deux murs à pierres sèches, était remplie de huit à dix pouces de neige fondante et au dessous des cailloux roulants (comme ceux de Claix, polygones irréguliers dont les angles sont un peu émoussés).

De temps en temps, un cheval mort faisait cabrer le mien, bientôt, ce qui fut bien pis, il ne se cabra plus du tout. Au fond, c'était une rosse.

CHAPITRE 45

LE SAINT-BERNARD

A CHAQUE pas tout devenait pire. Je trouvai le danger pour la première fois, ce danger n'était pas grand, il faut l'avouer, mais pour une jeune fille de quinze ans qui n'avait pas été mouillée par la pluie dix fois en sa vie !

Le danger n'était donc pas grand, mais il était en moi-même, les circonstances diminuaient l'homme.

Je n'aurai pas honte de me rendre justice, je fus constamment gai. Si je rêvais, c'était aux phrases par lesquelles J.-J. Rousseau pourrait décrire ces monts sourcilleux couverts de neige et s'élevant jusqu'aux nues avec leurs pointes sans cesse obscurcies par de gros nuages gris courant rapidement.

Mon cheval faisait mine de tomber, le capitaine jurait et était sombre, son prudent domestique, qui s'était fait mon ami, était fort pâle.

J'étais transpercé d'humidité, sans cesse nous étions gênés et même arrêtés par des groupes de quinze ou vingt soldats qui montaient.

Au lieu des sentiments d'héroïque amitié que je leur supposais, d'après six ans de rêveries héroïques, basées sur les caractères de Ferragus et de Rinaldo, j'entrevoyais des égoïstes aigris et méchants, souvent ils juraient contre nous, de colère de nous voir à cheval et eux à pied. Un peu plus ils nous volaient nos chevaux.

Cette vue du caractère humain me contrariait, mais je l'écartais bien vite pour jouir de cette idée : je vois donc une chose difficile !

Je ne me rappelle pas tout cela, mais je me rappelle mieux des dangers postérieurs, quand j'étais bien plus rapproché de 1800, par exemple à la fin de 1812, dans la marche de Moscou à Kœnigsberg.

Enfin, après une quantité énorme de zigzags qui me paraissaient former une distance infinie, dans un fond, entre deux rochers pointus et énormes, j'aperçus, à gauche, une maison basse, presque couverte par un nuage qui passait.

C'est l'hospice ! on nous y donna, comme à toute l'armée, un demi-verre de vin qui me parut glacé comme une *décoction rouge*.

Je n'ai de mémoire que du vin, sans doute on y joignit un morceau de pain et de fromage.

Il me semble que nous entrâmes, ou bien les récits de l'intérieur de l'Hospice qu'on me fit produisirent une image qui, depuis trente-six ans, a *pris la place de la réalité.*

Voilà un danger de mensonge que j'ai aperçu depuis trois mois que je pense à ce véridique journal.

Par exemple, je me figure fort bien la descente. Mais, je ne veux pas dissimuler que cinq ou six ans après j'en vis une gravure que je trouvai fort ressemblante, et mon souvenir *n'est plus* que la gravure.

C'est là le danger d'acheter des gravures des beaux tableaux que l'on voit dans ses voyages. Bientôt la gravure forme tout le souvenir, et détruit le souvenir réel.

C'est ce qui m'est arrivé pour la Madone de Saint-Sixte de Dresde. La belle gravure de Müller l'a détruite pour moi, tandis que je me figure parfaitement les méchants pastels de Mengs, de la même galerie de Dresde, dont je n'ai vu la gravure nulle part.

Je vois fort bien l'ennui de tenir mon cheval par la bride ; le sentier était formé de roches immobiles placées ainsi. De A à B il pouvait y avoir trois ou quatre pieds. D, précipice ainsi. L, lac gelé sur lequel je voyais quinze ou vingt chevaux et mulets tombés ; de R en P le précipice

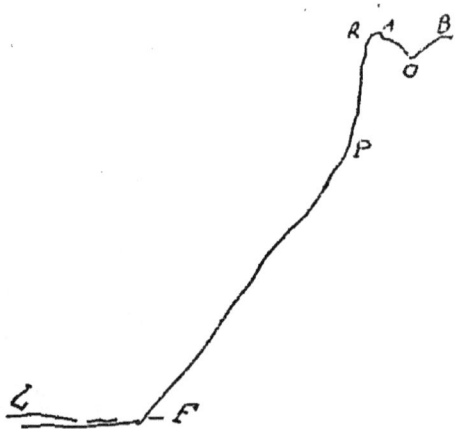

me semblait presque vertical, de P en E il était fort rapide.

Le diable, c'est que les quatre pieds de mon cheval se réunissaient dans la ligne droite formée au point O par la réunion des deux rochers qui formaient la route, et

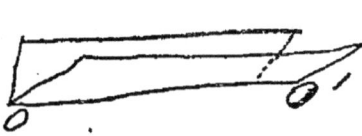

alors la rosse faisait mine de tomber, à droite, il n'y avait pas grand mal, mais à gauche ! Que dirait M. Daru, si je lui perdais son cheval ? Et d'ailleurs tous mes effets étaient dans l'énorme portemanteau, et peut-être la plus grande partie de mon argent.

Le capitaine jurait contre son domestique qui lui blessait son second cheval, il donnait des coups de canne sur la tête de son propre cheval, c'était un homme fort violent, et enfin il ne s'occupait pas de moi le moins du monde.

Pour comble de misère un canon, ce me semble, vint à passer, il fallut faire sauter nos chevaux à droite de la route, mais de cette circonstance je n'en voudrais pas jurer, elle est dans la gravure.

Je me souviens fort bien de cette longue descente circulaire autour de ce diable de lac glacé.

Enfin, vers Etroubles, ou avant Etroubles, vers un hameau nommé Saint..., la nature commença à devenir moins austère.

Ce fut pour moi une sensation délicieuse.
Je dis au capitaine Burelviller :

« Le Saint-Bernard, n'est-ce que ça ? »

Il me semble qu'il se fâcha et crut que je mentais (en termes dont nous nous servions : que je lui lâchais une blague).

Je crois entrevoir dans mes souvenirs qu'il me traita de conscrit, ce qui me sembla une injure.

A Étroubles, où nous couchâmes, ou à Saint-..., mon bonheur fut extrême, mais je commençais à comprendre que ce n'était que dans les moments où le capitaine était gai, que je pouvais hasarder mes remarques.

Je me dis : je suis en Italie, c'est-à-dire dans le pays de la *Zulietta* que J.-J. Rousseau trouva à Venise, en Piémont dans le pays de Mme Bazile.

Je comprenais bien que ces idées étaient encore plus de contrebande pour le capitaine qui, ce me semble, une fois, avait traité Rousseau de polisson d'écrivain.

Je serais obligé de faire du roman, et de chercher à me figurer ce que doit sentir un jeune homme de dix-sept ans, fou de bonheur en s'échappant du couvent, si je voulais parler de mes sentiments d'Étroubles au fort de Bard.

J'ai oublié de dire que je rapportais mon innocence de Paris ; ce n'était qu'à Milan que je devais me délivrer de ce trésor. Ce qu'il y a de drôle, c'est que je ne me souviens pas distinctement avec qui.

La violence de la timidité et de la sensation a tué absolument le *souvenir*.

Tout en faisant route, le capitaine me donnait des leçons d'équitation, et pour activer il donnait des coups de canne sur la tête de son cheval, qui s'emportait fort. Le mien était une rosse molle et prudente. Je le réveillais à grands coups d'éperons. Par bonheur, il était très fort.

Mon imagination folle, n'osant pas dire ses secrets au capitaine, me faisait au moins le pousser de questions sur l'équitation. Je n'étais rien moins que discret.

« Et quand un cheval recule et s'approche ainsi d'un fossé profond, que faut-il faire ?

— Que diable ! à peine vous savez vous tenir, et vous me demandez des choses qui embarrassent les meilleurs cavaliers ! »

Sans doute quelque bon jurement accompagna cette réponse, car elle est restée gravée dans ma mémoire.

Je devais l'ennuyer ferme. Son sage domestique m'avertit qu'il faisait manger à ses chevaux la moitié au moins du son qu'il me faisait acheter pour *rafraîchir* le mien. Ce sage domestique m'offrit de passer à mon service, il m'eût mené à sa volonté, au lieu que le terrible Burelviller le malmenait.

Ce beau discours ne me fit aucune impression. Il me semble que je pensai que je devais une reconnaissance infinie au capitaine.

D'ailleurs, j'étais si heureux en contemplant les beaux paysages et l'arc de triomphe d'avril que je n'avais qu'un vœu à former : c'était que cette vie durât toujours.

Nous croyions l'armée à quarante lieues en avant de nous.

Tout à coup, nous la trouvâmes arrêtée par le fort de Bard.

Voilà à peu près la coupe de la vallée.

Je me vois bivouaquant à une demi-lieue du fort, à gauche de la grande route.

Le lendemain, j'eus vingt-deux piqûres de cousin sur la figure et un œil tout à fait fermé.

Ici, le récit se confond avec le souvenir.

Il me semble que nous fûmes arrêtés deux ou trois jours sous *Bard*.

Je redoutais les nuits à cause des piqûres

de ces affreux cousins, j'eus le temps de guérir à moitié.

Le Premier Consul était-il avec nous ?

Fût-ce, comme il me semble, pendant que nous étions dans cette petite plaine, sous le fort, que le colonel Dufour essaya de l'emporter de vive force ? Et que deux sapeurs essayèrent de couper les chaînes du pont-levis ? Vis-je entourer de paille les roues des canons, ou bien est-ce le souvenir du récit que je trouve dans ma tête ?

La canonnade épouvantable dans ces rochers si hauts, dans une vallée si étroite, me rendait fou d'émotion.

Enfin, le capitaine me dit : « Nous allons

passer sur une montagne à gauche, C'est le chemin. »

J'ai appris, depuis, que cette montagne se nomme Albaredo.

Après une demi-lieue, j'entendis donner cet avis de bouche à bouche : « Ne tenez la bride de vos chevaux qu'avec deux doigts de la main droite afin que s'ils tombent dans le précipice ils ne vous entraînent pas.

— Diable ! il y a donc danger ! »,
me dis-je.

Le chemin ou plutôt le sentier à peine tracé fraîchement avec des pioches était

comme C et le précipice comme D, le rempart comme R.

On s'arrêta sur une petite plate-forme.

« Ah ! voilà qu'ils nous visent, dit le capitaine.

— Est-ce que nous sommes à portée ? dis-je au capitaine.

— Ne voilà-t-il pas mon bougre qui a déjà peur ? » me dit-il avec humeur. Il y avait là sept à huit personnes.

Ce mot fut comme le chant du coq pour Saint-Pierre. Je revois, je m'approchai du bord de la plate-forme pour être plus exposé, et quand il continua la route, je traînai quelques minutes, pour montrer mon courage.

Voilà comment je vis le feu pour la première fois.

C'était une espèce de pucelage qui me pesait autant que l'autre.

CHAPITRE 46

Le soir, en y réfléchissant, je ne revenais pas de mon étonnement : *Quoi ! n'est-ce que ça ?* me disais-je.

Cet étonnement un peu niais et cette exclamation m'ont suivi toute ma vie. Je crois que cela tient à l'imagination, je fais cette découverte, ainsi que beaucoup d'autres en 1836, en écrivant ceci.

Parenthèse. — Souvent je me dis, mais sans regret : Que de belles occasions j'ai manquées ! Je serais riche, du moins j'aurais de l'aisance ! Mais je vois en 1836 que mon plus grand plaisir est de *rêver*, mais rêver à quoi ? Souvent à des choses qui m'ennuient. L'activité des démarches nécessaires pour amasser 10.000 francs de rente est impossible pour moi. De plus, il faut flatter, ne déplaire à personne, etc. Ce dernier est presque impossible pour moi.

Hé bien ! M. le comte de Canclaux était lieutenant ou sous-lieutenant au 6ᵉ de dragons en même temps que moi, il passait pour intrigant, habile, ne perdant pas une occasion pour plaire aux gens puissants, etc., ne faisant pas un pas qui n'eût un but, etc. Le général Canclaux, son oncle, avait pacifié la Vendée, je crois, et ne manquait pas de crédit. M. de Canclaux quitta le régiment pour entrer dans la carrière consulaire, il a eu probablement toutes les qualités qui me manquent, il est consul à Nice, comme moi à Civita-Vecchia. Voilà qui doit me consoler de n'être pas intrigant ou du moins adroit, prudent, etc. J'ai eu le rare plaisir de faire toute ma vie à peu près ce qui me plaisait, et je suis aussi avancé qu'un homme froid, adroit, etc. M. de Canclaux m'a fait politesse quand je passai à Nice en décembre 1833. Peut-être a-t-il de plus que moi d'avoir de la fortune, mais probablement il l'a héritée de son oncle, et d'ailleurs il est chargé d'une vieille femme. Je ne changerais pas, c'est-à-dire : je ne voudrais pas que mon âme entrât dans son corps. Je ne dois donc pas me plaindre du destin. J'ai eu un lot exécrable de sept à dix-sept ans, mais, depuis le passage du mont Saint-Bernard (à 2.491 mètres au-dessus de l'océan), je n'ai plus eu à me plaindre du destin ; j'ai, au contraire, à m'en louer.

En 1804, je désirais cent louis et ma liberté ; en 1836, je désire avec passion six mille francs et ma liberté. Ce qui est au delà ferait bien peu pour mon bonheur.

Ce n'est pas à dire que je ne voulusse tâter de 25.000 francs et ma liberté pour avoir une bonne voiture à ressorts bien liants, mais les voleries du cocher me donneraient peut-être plus d'humeur que la voiture de plaisir.

Mon bonheur est de n'avoir rien à administrer ; je serais fort malheureux si j'avais 100.000 francs de rente en terres et maisons. Je vendrais tout bien vite à perte, ou du moins les trois quarts, pour acheter de la rente.

Le bonheur, pour moi, c'est de ne commander à personne et de n'être pas commandé, je crois donc que j'ai bien fait de ne pas épouser Mlle Rietti ou Mlle Diane. — Fin de la parenthèse [1].

Je me souviens que j'eus un extrême plaisir en entrant à Etroubles et à Aoste. Quoi ! le passage du Saint-Bernard, *n'est-ce que ça ?* me disais-je sans cesse. J'avais même le tort de le dire haut quelquefois, et enfin le capitaine Burelviller me malmena, malgré mon innocence, il prit cela pour une blague (*id est : bravade*). Fort souvent mes naïvetés ont fait le même effet.

Un mot ridicule ou seulement exagéré

---

1. A placer ailleurs en recopiant.

a souvent suffi pour gâter les plus belles choses pour moi : par exemple à Wagram à côté de la pièce de canon quand les herbes prenaient feu, ce colonel blagueur de mes amis qui dit : « *C'est une bataille de géants !* » L'impression de grandeur fut irrémédiablement enlevée pour toute la journée.

Mais, grand Dieu ! qui est-ce qui lira ceci ? Quel galimatias ! Pourrai-je enfin revenir à mon récit ? Le lecteur sait-il maintenant s'il en est à 1800, au premier début d'un fou dans le monde, ou aux réflexions sages d'un homme de cinquante-trois ans !

Je remarquais avant de quitter mon rocher que la canonnade de Bard faisait un tapage effrayant ; c'était le *sublime*, un peu trop voisin pourtant du danger. L'âme, au lieu de jouir purement, était encore un peu occupée à se tenir.

J'avertis, une fois pour toutes, le brave homme, unique peut-être, qui aura le courage de me lire, que toutes les belles réflexions de ce genre sont de 1836. J'en eusse été bien étonné en 1800, peut-être malgré ma solidité sur Helvétius et Shakespeare ne les eussé-je pas comprises.

Il m'est resté un souvenir net et fort sérieux du rempart qui faisait ce grand feu sur nous. Le commandant de ce fortin, situé *providentiellement*, comme diraient

H moi. — B village de Bard. — CCC canons tirant sur LLL. — X chevaux tombés du sentier LLL à peine tracé au bord du précipice. — P précipice à 75 ou 80 degrés, haut de 30 ou 40 pieds. P' autres précipices à 70 ou 60 degrés, en broussailles infinies. Je vois encore le bastion CCC voilà tout ce qui reste de ma peur. Quand j'étais en H je ne vis ni cadavres ni blessés, mais seulement des chevaux en X. Le mien qui sautait et dont je ne tenais la bride qu'avec deux doigts, suivant l'ordre, me gênait beaucoup.

les bons écrivains de 1836, croyait arrêter le général Bonaparte.

Je crois que le logement du soir fut chez un curé, déjà fort malmené par les vingt-cinq ou trente mille hommes qui avaient passé avant le capitaine Burelviller et son élève. Le capitaine égoïste et méchant jurait, il me semble que le curé me fit pitié, je lui parlai latin, pour diminuer sa peur. C'était un gros péché, c'est en petit le crime de ce vil coquin de Bourmont à Waterloo.

Par bonheur, le capitaine ne m'entendit pas.

Le curé reconnaissant m'apprit que : *Donna* voulait dire femme, *cattiva*, mauvaise, et qu'il fallait dire : *quante sono miglia di qua a Ivrea ?* quand je voulais savoir combien il y avait de milles d'ici à Ivrée.

Ce fut là le commencement de mon italien.

Je fus tellement frappé de la quantité de chevaux morts et d'autres débris d'armée que je trouvai de Bard à Ivrée, qu'il ne m'en est point resté de souvenir distinct. C'était pour la première fois que je trouvais cette sensation, si renouvelée depuis : me trouver entre les colonnes d'une armée de Napoléon. La sensation présente absorbait tout, absolument comme le souvenir de la première soirée où Giul m'a traité en amant. Mon souvenir n'est qu'un roman fabriqué à cette occasion.

Je vois encore le premier aspect d'Ivrée aperçue à trois quarts de lieue, un peu sur la droite, et à gauche des montagnes à distance, peut-être le Mont-Rose et les monts de Bielle, peut-être ce Resegone de Lecco, que je devais tant adorer plus tard.

Il devenait difficile non pas d'avoir un billet de logement des habitants terrifiés, mais de défendre ce logement contre les partis de trois ou quatre soldats rôdant pour piller. J'ai quelque idée du sabre mis à la main pour défendre une porte de notre maison que des chasseurs à cheval voulaient enlever pour en faire un bivouac.

Le soir, j'eus une sensation que je n'oublierai jamais. J'allai au spectacle, malgré le capitaine qui, jugeant bien de mon enfantillage et de mon ignorance des armes, mon sabre étant trop pesant pour moi, avait peur, sans doute, que je ne me fisse tuer à quelque coin de rue. Je n'avais point d'uniforme, c'est ce qu'il y a de pis entre les colonnes d'une armée...

Enfin j'allai au spectacle, on donnait le *Matrimonio Segreto* de Cimarosa, l'actrice qui jouait Caroline avait une dent de moins sur le devant. Voilà tout ce qui me reste d'un bonheur divin.

Je mentirais et ferais du roman si j'entreprenais de le détailler.

A l'instant mes deux grandes actions : 1º avoir passé le Saint-Bernard, 2º avoir été au feu, disparurent. Tout cela me sembla grossier et bas. J'éprouvais quelque chose comme mon enthousiasme de l'église au-dessus de Rolle, mais bien plus pur et bien plus vif. Le pédantisme de Julie d'Etange me gênait dans Rousseau, au lieu que tout fut divin dans Cimarosa.

Dans les intervalles du plaisir, je me disais : Et me voici jeté dans un métier grossier, au lieu de vouer ma vie à la musique !!

La réponse était, sans nulle mauvaise humeur : Il faut vivre, je vais voir le monde, devenir un brave militaire, et après un an ou deux je reviens à la musique, *mes uniques amours*. Je me disais de ces paroles emphatiques.

Ma vie fut renouvelée, et tout mon désappointement de Paris enterré à jamais.

Je venais de voir distinctement où était le bonheur. Il me semble aujourd'hui que mon grand malheur devait être : je n'ai pas trouvé le bonheur à Paris où je l'ai cru pendant si longtemps, où est-il donc ? Ne serait-il point dans nos montagnes du Dauphiné ? Alors, mes parents auraient raison, et je ferais mieux d'y retourner.

La soirée d'Ivrée détruisit à jamais le Dauphiné de mon esprit. Sans les belles montagnes que j'avais vues le matin en arrivant, peut-être Berland, Saint-Ange et Taillefer n'auraient-ils pas été battus pour toujours.

Vivre en Italie et entendre de cette musique devint la base de tous mes raisonnements.

Le lendemain matin, en cheminant auprès de nos chevaux, avec le capitaine qui avait six pieds, j'eus l'enfance de parler de mon bonheur, il me répondit par des plaisanteries grossières sur la facilité de mœurs des actrices. Ce mot était cher et sacré pour moi, à cause de Mme Cubly, et de plus, ce matin-là, j'étais amoureux de Caroline (du *Matrimonio*). Il me semble que nous eûmes un différend sérieux avec quelque idée de duel de ma part.

Je ne comprends rien à ma folie, c'est comme ma provocation à l'excellent Joinville (maintenant M. le baron Joinville, intendant militaire à Paris), je ne pouvais pas soutenir mon sabre en ligne horizontale.

La paix faite avec le capitaine, nous fûmes, ce me semble, occupés de la bataille du Tessin, où il me semble que nous fûmes mêlés, mais sans danger. Je n'en dis pas davantage, de peur de faire du roman ; cette bataille, ou combat, me fut contée en grands détails peu de mois après par M. Guyardet, chef de bataillon à la 6e ou 9e légère, le régiment de cet excellent Macon, mort à Leipzig vers 1809, ce me semble. Le récit de M. Guyardet fait, ce me semble, à Joinville en ma présence complète mes souvenirs et j'ai peur de prendre l'impression de ce récit pour un souvenir.

Je ne me rappelle pas même si le combat du Tessin compta dans mon esprit pour la seconde vue du feu, dans tous les cas ce ne put être que le feu du canon, peut-être eûmes-nous peur d'être sabrés nous trouvant, avec quelque cavalerie, ramenés par l'ennemi. Je ne vois de clair que la fumée du canon ou de la fusillade. Tout est confus.

Excepté le bonheur le plus, vif et le plus fou, je n'ai réellement rien à dire d'Ivrée à Milan. La vue du paysage me ravissait. Je ne le trouvais pas la réalisation du beau, mais quand après le Tessin, jusqu'à Milan, la fréquence des arbres et la force de la végétation, et même les tiges du maïs, ce me semble, empêchaient de voir à cent pas, à droite et à gauche, je trouvais que *c'était là le beau.*

Tel a été pour moi Milan, et pendant vingt ans (1800 à 1820). A peine si cette image adorée commence à se séparer du beau. Ma raison me dit : mais le vrai beau, c'est Naples et le Pausilippe par exemple, ce sont les environs de Dresde, les murs abattus de Leipzig, l'Elbe avec Rainville à Altona, le lac de Genève, etc., etc. C'est ma raison qui dit cela, mon cœur ne sent que Milan et la campagne *luxuriante* qui l'environne [1].

---

1. Ce volume troisième finit à l'arrivée à Milan, 796 pages font bien, une fois augmentées par les corrections et gardes

contre la critique 400 pages in-8°. Qui lira 400 pages de mouvements du cœur ?

....

1836, 26 mars, annonce du congé pour Lutèce. L'imagination vole ailleurs. Ce travail en est interrompu. L'ennui engourdit l'esprit, trop éprouvé de 1832 à 1836, Omar. Ce travail, interrompu sans cesse par le métier, se ressent sans doute de cet engourdissement. — Vu ce matin galerie Fesch avec le prince, et loges de Raphaël. — Pédantisme : rien n'est mal dans le Dante et Raphaël, *idem* à peu près pour Goldoni. 8 avril 1836, Omar.

CHAPITRE 47

MILAN

Un matin, en entrant à Milan, par une charmante matinée de printemps, et quel printemps ! et dans quel pays du monde ! je vis Martial à trois pas de moi, sur la gauche de mon cheval. Il me semble le voir encore, c'était *Corsia del Giardino*, peu après la rue des Bigli, au commencement de la Corsia di Porta Nova.

Il était en redingote bleue avec un chapeau bordé d'adjudant général.

Il fut fort aise de me voir.

« On vous croyait perdu, me dit-il.

— Le cheval a été malade à Genève, répondis-je, je ne suis parti que le...

M Martial. — H moi à cheval. — B le capitaine Burelviller à cheval. — D le domestique du capitaine.

— Je vais vous montrer la maison, ce n'est qu'à deux pas. »

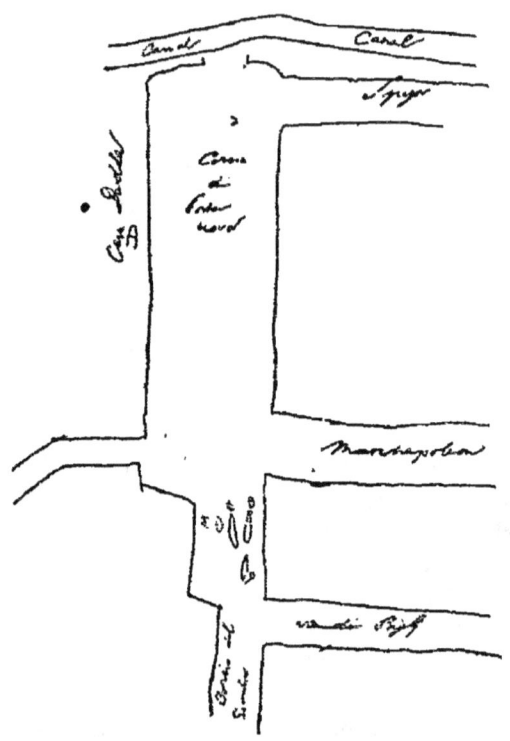

M Martial. — H moi. — B le capitaine Burelviller à cheval.
D le domestique du capitaine à cheval.

Je saluai le capitaine Burelviller ; je ne l'ai jamais revu.

Martial revint sur ses pas et me conduisit à la Casa d'Adda, en A.

La façade de la Casa d'Adda n'était point finie[1], la plus grande partie était alors en briques grossières, comme San Lorenzo, à Florence. J'entrai dans une cour magnifique. Je descendis de cheval fort étonné et admirant tout. Je montai par un escalier superbe. Les domestiques de Martial détachèrent mon portemanteau, et emmenèrent mon cheval.

Je montai avec lui et bientôt me trouvai dans un superbe salon donnant sur la Corsia. J'étais ravi, c'était pour la première fois que l'architecture produisait un effet sur moi. Bientôt on apporta d'excellentes côtelettes pannées. Pendant plusieurs années ce plat m'a rappelé Milan.

Cette ville devint pour moi le plus beau lieu de la terre. Je ne sens pas du tout le charme de ma patrie ; j'ai, pour le lieu où je suis né, une répugnance qui va jusqu'au dégoût physique (le mal de mer). Milan a été pour moi, de 1800 à 1821, le lieu où j'ai constamment désiré habiter.

J'y ai passé quelques mois de 1800 ; ce fut le plus beau temps de ma vie. J'y revins tant que je pus en 1801 et 1802, étant en garnison à Brescia et à Bergame,

---

1. La façade n'était finie qu'en D'.

et enfin, j'y ai habité par choix de 1815 à 1821. Ma raison seule me dit, même en 1836, que Paris vaut mieux. Vers 1803 ou 1804, j'évitais dans le cabinet de Martial de lever les yeux vers une estampe qui dans le lointain présentait le dôme de Milan, le souvenir était trop tendre et me faisait mal.

Nous pouvions être à la fin de mai, ou au commencement de juin, lorsque j'entrai dans la Casa d'Adda (ce mot est resté sacré pour moi).

Martial fut parfait et réellement a toujours été parfait pour moi. Je suis fâché de n'avoir pas vu cela davantage de son vivant ; comme il avait étonnamment de petite vanité, je ménageais cette vanité.

Mais ce que je lui disais alors par usage du monde, naissant chez moi, et aussi par amitié, j'aurais dû le lui dire par amitié passionnée et par reconnaissance.

Il n'était pas romanesque, et moi je poussais cette faiblesse jusqu'à la folie ; l'absence de cette folie le rendait plat à mes yeux. Le romanesque chez moi s'étendait à l'amour, à la bravoure, à tout. Je redoutais le moment de donner l'étrenne à un portier, de peur de ne pas lui donner assez, et d'offenser sa délicatesse. Il m'est arrivé souvent de ne pas oser donner l'étrenne à un homme trop bien vêtu, de peur de l'offenser, et j'ai dû passer pour avare. C'est le défaut contraire de la plus part des sous-lieutenants que j'ai connus : eux pensaient à escamoter une *mancia*.

Voici un intervalle de bonheur fou et complet, je vais sans doute battre un peu la campagne en en parlant. Peut-être vaudrait-il mieux m'en tenir à la ligne précédente.

Depuis la fin de mai jusqu'au mois d'octobre ou de novembre que je fus reçu sous-lieutenant au 6e régiment de dragons à Bagnolo ou Romanengo, entre Brescia et Crémone, je trouvai cinq ou six mois de bonheur céleste et complet [1].

On ne peut pas apercevoir distinctement la partie du ciel trop voisine du soleil, par un effet semblable j'aurais grand'peine à faire une narration raisonnable de mon amour pour Angela Pietragrua. Comment faire un récit un peu raisonnable de tant de folies ? Par où commencer ? Comment rendre cela un peu intelligible ? Voilà déjà que j'oublie l'orthographe, comme il m'arrive dans les

---

1. Le 26 mars 1836, à dix heures et demie, lettre très polie pour congé.
Depuis ce grand courant dans mes idées, je ne travaille plus. 1er avril 1836.
Prose du 31 mars : *stabat mater*, vieux couplets barbares en latin rimé, mais du moins absence d'esprit à la Marmontel.

grands transports de passion, et il s'agit pourtant de choses passées il y a trente-six ans.

Daignez me pardonner, lecteur bénévole ! Mais plutôt, si vous avez plus de trente ans ou si, avec trente ans, vous êtes du parti prosaïque, fermez le livre !

Le croira-t-on, mais tout semblera absurbe dans mon récit de cette année 1800. Cet amour si céleste, si passionné, qui m'avait entièrement enlevé à la terre pour me transporter dans le pays des chimères, mais des chimères les plus célèstes, les plus délicieuses, les plus à souhait, n'arriva à ce qu'on appelle le bonheur qu'en septembre 1811.

Excusez du peu, onze ans, non pas de fidélité, mais d'une sorte de constance.

La femme que j'aimais, et dont je me croyais en quelque sorte aimé, avait d'autres amants, mais elle me préférerait à rang égal, me disais-je ! J'avais d'autres maîtresses. (Je me suis promené un quart d'heure avant d'écrire.) Comment raconter raisonnablement ces temps-là ? J'aime mieux renvoyer à un autre jour.

En me réduisant aux formes raisonnables, je ferais trop d'injustice à ce que je veux raconter.

Je ne veux pas dire ce qu'étaient les choses, ce que je découvre pour la première fois à peu près en 1836, ce qu'elles étaient ; mais, d'un autre côté, je ne puis écrire ce qu'elles étaient pour moi en 1800, le lecteur jetterait le livre.

Quel parti prendre ? comment peindre le bonheur fou ?

Le lecteur a-t-il jamais été amoureux fou ? A-t-il jamais eu la fortune de passer une nuit avec cette maîtresse qu'il a le plus aimée en sa vie ?

Ma foi, je ne puis continuer, le sujet surpasse le disant.

Je sens bien que je suis ridicule ou plutôt incroyable. Ma main ne peut écrire, je renvoie à demain.

Peut-être il serait mieux de passer net ces six mois-là.

Comment peindre l'excessif bonheur que tout me donnait ? C'est impossible pour moi.

Il ne me reste qu'à tracer un sommaire, pour ne pas interrompre tout-à-fait le récit.

Je suis comme un peintre qui n'a plus le courage de peindre un coin de son tableau. Pour ne pas gâter le reste, il ébauche à la moitié ce qu'il ne peut pas peindre.

O lecteur froid, excusez ma mémoire, ou plutôt sautez cinquante pages.

Voici le sommaire de ce que, à trente-six ans d'intervalle, je ne puis raconter sans le gâter horriblement.

Je passerais dans d'horribles douleurs les cinq, dix, vingt ou trente ans qui me restent à vivre qu'en ce moment je ne dirais pas : Je ne veux pas recommencer.

D'abord, ce bonheur d'avoir pu faire à ma tête. Un homme médiocre, au-dessous du médiocre, si vous voulez, mais bon et gai, ou plutôt heureux lui-même alors, avec lequel je vécus.

Tout ceci, ce sont des découvertes que je fais en écrivant. Ne sachant comment peindre, je fais l'analyse de ce que je sentis alors.

Je suis très froid aujourd'hui, le temps est gris, je souffre un peu.

Rien ne peut empêcher la folie.

En honnête homme qui abhorre d'exagérer, je ne sais comment faire.

J'écris ceci et j'ai toujours tout écrit comme Rossini écrit la musique; j'y pense, écrivant chaque matin ce qui se trouve devant moi dans le libretto.

Je lis dans un livre que je reçois aujourd'hui :

« Ce résultat n'est pas toujours sensible pour les contemporains, pour ceux qui l'opèrent et l'éprouvent ; mais à distance et au point de vue de l'histoire, on peut remarquer à quelle époque un peuple perd l'originalité de son caractère », etc. (M. Villemain, préface, page X.)

On gâte des sentiments si tendres à les raconter en détail.

FIN DU SECOND ET DERNIER VOLUME

TABLE
DU SECOND VOLUME

Chapitre XXIII. Ecole Centrale	1
Chapitre XXIV	12
Chapitre XXV	29
Chapitre XXVI	42
Chapitre XXVII	56
Chapitre XXVIII	67
Chapitre XXIX	80
Chapitre XXX	90
Chapitre XXXI	102
Chapitre XXXII	113
Chapitre XXXIII	133
Chapitre XXXIV	153
Chapitre XXXV	165
Chapitre XXXVI. Paris	181
Chapitre XXXVII	190
Chapitre XXXVIII	203
Chapitre XXXIX	213
Chapitre XL	227
Chapitre XLI	241
Chapitre XLII	256
Chapitre XLIII	269
Chapitre XLIV	282
Chapitre XLV. Le Saint-Bernard	293
Chapitre XLVI	304
Chapitre XLVII. Milan	315

ACHEVÉ D'IMPRIMER LE 15 AVRIL 1927
SUR LES PRESSES
DE L'IMPRIMERIE ALENÇONNAISE
F. GRISARD, Administrateur,
11, RUE DES MARCHERIES, 11
ALENÇON (ORNE)

www.ingramcontent.com/pod-product-compliance
Lightning Source LLC
Chambersburg PA
CBHW070616160426
43194CB00009B/1286